解説動画 ▶ QRコード付き

教室熱中！
めっちゃ楽しい

算数難問
1問選択システム
3巻

中級レベル1＝小3相当編

木村重夫
松島博昭＋TOSS CHANCE
編

まえがき

1 子ども熱中の難問を満載！

　本シリーズは，子どもが熱中する難問を満載した「誰でもできる難問の授業システム事典」です。みなさんは子どもが熱中する難問の授業をされたことがありますか？　算数教科書だけで子ども熱中の授業を作ることは高度な腕を必要とします。しかし，選び抜かれた難問を与えて，システムとして授業すれば，誰でも子ども熱中を体感できます。

> これが「子どもが熱中する」ということなんだ！

　初めて体験する盛り上がりです。時間が来たので終わろうとしても「先生まだやりたい！」という子たち。正答を教えようとしたら「教えないで！　自分で解きたい！」と叫ぶ子たち。今まで経験したことがなかった「手応え」を感じることでしょう。

2 これまでになかった最強の難問集

　本シリーズは，かつて明治図書から発刊された「難問シリーズ」「新・難問シリーズ」から教室で効果抜群だった難問を選び抜いて再編集しました。

　新しい難問も加えました。すべて子どもの事実を通しました。本シリーズは「最強の難問集」と言えるでしょう。

　さらに，新学習指導要領に対応させた，本シリーズの目玉がこれです。

> 新学習指導要領に対応！「デジタル新時代に対応する難問」
> 　(1) 論理的思考を鍛える問題10問
> 　(2) プログラミング思考問題10問
> 　(3) データの読解力問題10問
> 　(4) 読解力を鍛える文章問題10問

　プログラミング学習やデータ読解力など，新学習指導要領に対応した難問を開発しました。最新の課題に対応させた難問です。子どもたちの新しい力を引き出してください。さらにスペシャルな付録をつけました。

> 教科書よりちょっぴり難しい「ちょいムズ問題」

　すでに学習した内容から，教科書と同じまたはちょっぴり難しいレベルの問題をズラーッと集めました。教科書の総復習としても使えます。20問の中から5問コース・10問コース・全問コースなどと自分のペースで好きな問題を選んで解きます。1問1問は比較的簡単ですが，それがたくさん並んでいるから集中します。

3 デジタル時代に対応！よくわかる動画で解説

　本シリーズ編集でとくに力を注いだのが「解説動画」です。

　ぜひ動画をごらんになってください。各ページに印刷されているQRコードからYouTubeの動画にすぐにアクセスできます。問題を解くポイントを音声で解説しながら，わかりやすい動画で解説します。授業される先生にとって「教え方の参考」になるでしょう。教室で動画を映せば子

どもたち向けのよくわかる解説になります。また、新型コロナ等による在宅学習でもきっと役立つことでしょう。なお、動画はすべての問題ではなく、5問中とくに難しい問題につけました。

動画のマスコット「ライオンくん」▶

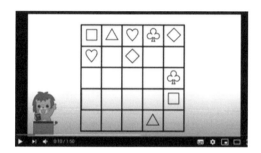

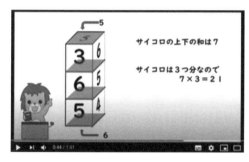

4 難問がつくる教室のドラマ

難問の授業で起きた教室のドラマです。

> ふだん勉強が得意な子が間違えて、苦手な子が解けた。

「3を7で割ったとき、小数第100位はいくつか」という難問があります。勉強が得意な子がひらめきで解いたのですがウッカリミスがあってバツが続きました。勉強が苦手な子が家に帰って大きな紙に小数第100位まで筆算を書きました。その子は正解でした。時間はかかりましたが地道に取り組んだ子が正解しました。勉強が得意な子が間違え、苦手な子が正解したのです。これを「逆転現象」と言います。子どもたちは驚きました。子どもの中にある「できる子」「できない子」という固定観念はこうした事実で崩れていきます。

本シリーズを活用して、「熱中する授業」をつくってください。たくさんのドラマに出会ってください。腹の底までズシンと響く確かな「手応え」を感じていただけたら、と思います。

木村重夫

シリーズの活用方法

1 授業したいページを選ぶ

このシリーズの基本的な活用方法（ユースウェア）を紹介します。

まず，子どもに授業したい見開き2ページを選びます。初めて難問に出会う子どもたちの実態を考えて，1〜2学年下のレベルの難問を与えることもよいでしょう。5問を1枚に印刷します。人数分プラス余分に印刷しておくと，「家でやりたい！」という子たちに与えることができます。

2 子どもに説明する

初めて子どもに説明するときの教師の言葉です。

①とっても難しい問題です。「難問」と言います。難問5問のうち，どの問題でもいいですから1問だけ選んで解きましょう。

②1問解けたら100点です。（子ども）たった1問？

③2問目をどうしても解きたい人は解いてもかまいませんが，もしも正解しても，
【板書】100点+100点=100点です。（子ども）ええ!?

④もしも2問目を間違えたときは，
【板書】100点+0点=0点です。（子ども）えええええ!?

⑤先生が5問読みます。1問選んでください。（教師が読んでやらないと，全体を見ないで1問目に飛びつく子がいます。）

⑥どの問題に挑戦したいですか。ちょっと聞いてみよう。1番，2番，3番，4番，5番。（クラスの傾向をつかみます。）どの問題でも100点に変わりありません。解けなかったら別の問題に変えてもかまいません。

⑦できたら持っていらっしゃい。用意，始め！

3 教えないで×をつける

解いた子が持って来ます。教師は○か×だけつけます。「×」に抵抗がありそうな子には「✔」でもかまいません。このときのポイントはこれです。

解き方や答えを教えない。

「おしいなあ。（×）」「いい線いっているけど…。（×）」「なるほど！こうやったのか。でも×だな」「がんばったねえ。（×）」「これは高級な間違いだな。（×）」
など，にこやかに一声かけつつも×をつけます。解き方や答えは教えません。

×をつけられた子は「ええー？」と言いながら席にもどり，再び挑戦します。

何度も何度も挑戦させます。教師が解説してしまったら，子どもが自力で解いて「やったあ！」と喜ぶ瞬間を奪うことになります。

4 挑発すると，いっそう盛り上がる

難問の授業を盛り上げる手立てがあります。「挑発する」ことです。
「みんなできないようだから，答えを教えましょうか。」
「もう降参ですね？」笑顔で挑発します
「待ってー！」「答えを言わないで！」「自分で解きます！」「絶対降参なんかしない！」子どもたちは絶叫します。教室がますます盛り上がります。

⑤ 答え合わせは工夫して。解説動画が役立ちます

　答えをすぐに教えないことが基本です。家で解いてきた子がいたら，たくさんほめましょう。解き方や答えを確認する方法はいくつかあります。子どもの実態や時間を考慮して先生が工夫してください。

　A　解けた子に黒板に書かせ，説明させる。
　B　解いた子の解答用紙を教室に掲示する。
　C　教師が板書して簡単に解説する。
　D　本書の解説・解答ページをコピーして掲示する。
　E　本書の「解説動画」を見せる。（実にわかりやすい動画です。解説ページにあるQRコードからアクセスしてください。）

⑥ デジタル難問，ちょいムズ問題で新しい挑戦を！

　「デジタル難問」は，先生が選んだ問題を必要に応じて与えてください。例えばプログラミング学習をした後に発展として取り上げることも効果的です。

　「ちょいムズ問題」を自習に出すとシーンとなります。学期末や学年末のまとめとしても使えます。5問コース，10問コース，全問コースを決め，問題を自分で選ばせます。個人差に応じた問題数で挑戦できます。「できる」「できる」の連続で達成感を持てるでしょう。

⑦ 「算数難問，大人気」「奇跡のようでした」

　西日本の小学校特別支援学級の先生から届いた難問授業レポートです。

> 　最初は「わからない」とシーンとした時間が続いた。しかし，最初に男子が1問正解した。「A君，合格しました！」「おお，すごいねー！」わーっと拍手が起きた。
> 　またしばらくすると，今度はB子が合格した。B子にも友達から温かい拍手が送られた。彼女のプリントを見ると，あちこちに筆算が残されていた。
> 1つ1つ地道に計算しながら答えにたどり着いたことがわかった。
> 　この辺りから一気に火がついた。休み時間になっても「まだやりたいです！」とやめようとしない子が続出した。
> 　なんとC男もやり始めた。最初は「どうせわからん」と言っていたが，のめり込んでいった。もちろん一人では解けないので私の所にやって来た。
> 　以前は間違えること，失敗することが嫌で何もやろうとしなかったことを考えれば，難問に挑戦し，何度も何度も×をもらっているのは奇跡のようだった。
> 「こんな難しい問題に挑戦しているのがえらいよ。」
> 「失敗してもへっちゃらになってきたな。前よりも心が強くなったな。」
> 「×がついてもちゃんと正答に近づいていくでしょ？」
> 　問題を解いたことではなく，挑戦したことに価値があるのだ。

　難問によって「あきらめない子」「何度も挑戦する子」が生まれ，配慮を要する子が「失敗を受け入れ」「奇跡のようだ」という嬉しい報告です。
　あなたのクラスの子どもたちにも「難問に挑戦する楽しさ」を，ぜひ味わわせてください。
2020年10月

木村重夫

3年　難問の授業モデル／活用のヒント

1　春休み中に準備

ちょっとしたスキマ時間で使えるのが，「難問プリント」である。

ポイントは，

「すぐに使える準備をしておく」

である。

時間が空いたから，難問をプリントアウトして・・・・とやると時間がかかる。私は，春休み中に難問プリントを大量に印刷しておく。

印刷したものは，難易度別に分けて保管しておくと良い。

これでいつでも難問の授業を実施することができる。

2　最初の指導が肝心

難問は初回が重要である。ポイントは，

「もっとやりたいと思わせる」

である。

もっとやりたいと思わせる手立ては2つ

① ルールを教える
② 時間を長くしすぎない

である。

①ルールを教える

難問にはルールがある。

(1) 1問だけ選んで取り組む
(2) 2問目をやっても良いが間違えたら0点になる
(3) 2問目，3問目が正解しても100点

このルールを最初に教える。ルールを変えると熱中度は下がる。

②時間を長くしすぎない

子どもたちは難問に夢中になる。

夢中になっているからといって1時間全てやろうとすると失敗する。

なぜなら，

「集中力が続かない子もいる」

からである。私は，長くても15分ほどで良いと考える。少し短いくらいで良い。

「はいそこまで」

と言ったときに，

「もっと時間をください」

と声が出る。

やりたい子は休み時間や家でもやってくるからである。

熱中状態で終えることがポイントとなる。

3　数学的な見方・考え方を身につけるための習慣づくり

①図や表に表して考える習慣を身につける

新学習指導要領において，授業の中で「数学的活動」を取り入れることが数学的な見方・考え方を育成する上で必要とされている。

「数学的活動」の1つとして，具体物，図，数，式などを用いて解決することが挙げられる。

　難問を使って「数学的活動」を行うことができる。

　本冊子には，「データの読解力」「プログラミング的思考」「読解力を鍛える」「論理的思考」の4分野の難問が収録されている。

　どの分野の問題も問題文を図や表に表さないと難しい。

　子どもたちには，

「問題の内容を図や表に表しなさい」

と指示を出すことが有効である。

　例えば，読解力を鍛える問題の4番は図に表すことによりわかりやすくなる。

　答えだけでなく，

「図も書けなければ正解ではない」

とすると，難易度が高まる。

　図を書かせる必要感を持たせることにより，普段の算数の授業でもノートに図を書くように指導できる。

　問題文を読み，図を書く活動が「数学的活動」となる。

②問題文の中から重要なキーワードを見つける習慣

　難問は，問題の意味を理解しなければ解くことができない。つまり，「読解力」が必要となる。文章の中から

「重要なキーワード」

を見つける習慣を身につけさせる。

「問題を解くために必要なキーワードに○をつけなさい」

と問題に書き込みを入れるだけで，意味がわかりやすくなる。

　難解な問題だからこそ，問題文に書き込むことの「必要感」がある。

　普段の授業でも問題文に書き込む習慣を身につけさせることができる。

TOSS CHANCE代表　　松島博昭

目　次

※印の問題＝解説動画付き

Ⅰ 教室熱中！中級レベル難問集1
小3相当編
（問題／解答と解説）

Ⅱ デジタル時代の新難問
（問題／解答と解説）

ちょいムズ問題
（問題／解答と解説）

● 出題＝木村重夫

★問題が5問あります。1問だけ選んでときましょう。

1　□の中に＋，−，×，÷を入れて，1から9までの答えになる
　　ようにしましょう。（　）も使えます。

〈例〉（5−5）×5＋5÷5＝1

5 □ 5 □ 5 □ 5 □ 5 ＝ 1

5 □ 5 □ 5 □ 5 □ 5 ＝ 2

5 □ 5 □ 5 □ 5 □ 5 ＝ 3

5 □ 5 □ 5 □ 5 □ 5 ＝ 4

5 □ 5 □ 5 □ 5 □ 5 ＝ 5

5 □ 5 □ 5 □ 5 □ 5 ＝ 6

5 □ 5 □ 5 □ 5 □ 5 ＝ 7

5 □ 5 □ 5 □ 5 □ 5 ＝ 8

5 □ 5 □ 5 □ 5 □ 5 ＝ 9

2　AとBをたすと55となり，ひくと9です。AはBより小さいです。
　　AとBはいくつでしょう。

答え　A（　　　　　）B（　　　　　）

3　点と点を直線でむすぶと，何本の直線がひけますか。

●

●　　　　　　●

●　　　　　　●

●

答え （　　　　　　　　）本

4　カラスと犬が合わせて11ぴき，足の数が合わせて26本である
とき，カラスと犬はそれぞれ何びきいますか。
　ただしカラスの足は2本，犬の足は4本とします。

答え　カラス （　　　　　　　）ひき　犬 （　　　　　　）ひき

5　カステラを同じ大きさに2つに分ける（2等分）するには，1
回切ります。3等分するには，2回切ります。
6等分するには，さいてい何回切ればいいですか。

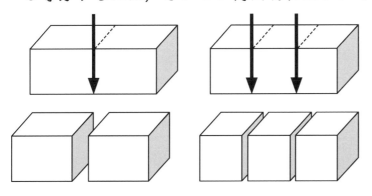

答え （　　　　　　　　）回

解答と解説 No.1

I 解答例

$5 \times (5 - 5) + 5 \div 5 = 1$

$(5 \times 5 \div 5 + 5) \div 5 = 2$

$(5 \times 5 - 5 - 5) \div 5 = 3$

$5 \times 5 \div 5 - 5 \div 5 = 4$

$5 + 5 + 5 - 5 - 5 = 5$

$5 \times 5 \div 5 + 5 \div 5 = 6$

$(5 \times 5 + 5 + 5) \div 5 = 7$

$(5 + 5 + 5) \div 5 + 5 = 8$

$(5 \times 5 - 5) \div 5 + 5 = 9$

2 答え　A（23）B（32）

A=27，B=28から1つずつずらしていく。

解説動画1

3 答え　15本

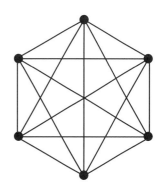

１つの点から５本ずつひけるから，
5 × 6 ＝ 30
かさなっている線が半分あるので，
30 ÷ 2 ＝ 15

4 答え　カラス（9）ひき　犬（2）ひき

カラスが11匹と考え，そこから，カラスを1匹ずつ減らし，犬を1匹ずつ増やしていく。
条件に当てはまる数が答えとなる。

5 答え　3回

同じ方向（タテ）に切ると，6等分は5回だが，以下の図のように切れば3回で6等分できる。

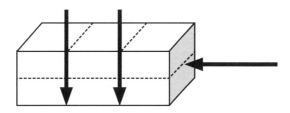

【引用文献】
岩井俊樹 ①『向山型算数教え方教室』2014　2月号 三俣先生作成 P.83（明治図書）
大関貴之 ②『向山型算数教え方教室』2011　6月号 P.83（明治図書）
松藤 司　④『教室熱中！難問１問選択システム３年』P.18（明治図書）
雨宮 久　⑤『向山型算数教え方教室』2011　7月号 P.12（明治図書）
※一部数値等を改変した問題がある

難問
No.2

★問題が5問あります。1問だけ選んでときましょう。

1 1のだんの九九の答えをぜんぶたすと，45になります。

> （1＋2＋3＋4＋5＋6＋7＋8＋9＝45）

次のだんの答えを全部たすといくつになるでしょう。

①2のだん
②4のだん

答え　①（　　　　　）②（　　　　　）

2 あなたは，10だんある階だんの，上がる前の場所にいます。「3歩上がったら2歩下がる」というルールで階だんを上がるとき，一番上のだんに行くまで，全部で何歩いどうすることになるでしょう。

答え（　　　　　）歩

3 ある1日の太陽が出ている時間は，出ていない時間より1時間長かったです。太陽が出ている時間，出ていない時間をもとめましょう。

答え

出ている時間　（　　　　　　　）

出ていない時間（　　　　　　　）

4 　ゆうじ，せいじ，まこと，めぐみ，よしこの５人が，たん生日のじゅんばんがどうなっているか話し合っています。

> ゆうじ「ぼくより早い人が３人いるよ。」
> せいじ「ぼくは，ゆうじくんより早いよ。」
> まこと「ぼくは，１番目でも３番目でもないね。」
> めぐみ「わたしは，２番目か４番目よ。」
> よしこ「わたしは，１番早くはありません。」

　さて，５人のたん生日のじゅんばんはどうなっているのでしょうか。

答え（ 　早い 　→　　　　　→　　　　　→　　　　　→ 　おそい 　）

5 　サイコロのかたちをした箱があります。３つの面を赤，黄色，青色でぬったあと，はこを開いてみました。青い面は①〜③のどれでしょう。

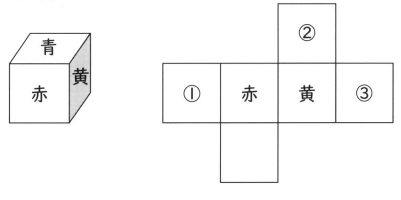

答え（ 　　　　　　　　　）

1 答え　①90　②180

1のだんの答えをすべてたすと45。
よって，2のだんは答えが2倍なので45×2＝90
同じように，4のだんは，45×4＝180

2 答え　38歩

1段上がるのに，5歩必要。（3歩すすみ2歩もどるから）
7段までは，5歩×7＝35歩
ここで，3段上がると，10段に届き，2歩戻らなくてよい。
だから，35＋3＝38歩

解説動画2

3 答え　出ている時間　　12時間30分
　　　　出ていない時間　11時間30分

13時間と11時間では，24時間になるが，2時間の差になる。
30分単位で考えることがポイントとなる。

4 答え　せいじ→めぐみ→よしこ→ゆうじ→まこと

ゆうじ，めぐみ，まことと入れるのがコツ。表に書くとわかりやすい。

まず，ゆうじのことばから4番目とわかる。
次にめぐみのことばから2番目とわかる。
そしてまことのことばから5番目とわかる。

①→②→③→④→⑤
せいじ　めぐみ　よしこ　ゆうじ　まこと

5 答え　②

【引用文献】
和智博之③『小学2年生新・授業づくり＆学級経営：365日サポートBOOK』P.182（学芸みらい社）
大関貴之④『教室熱中！難問1問選択システム3年』P.38（明治図書）
石川裕美⑤『向山型算数教え方教室 2011年7月』P.8（明治図書）
※一部数値等を改変した問題がある

★問題が5問あります。1問だけ選んでときましょう。

1　下の長方形を6つの正方形に分けましょう。

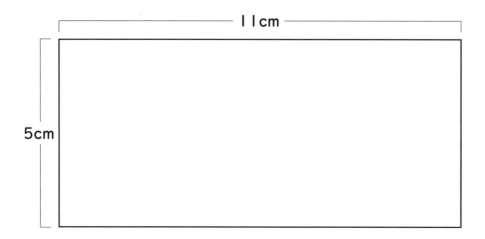

5cm

11cm

2　下の図のような三角形の1辺をすべて足した数が6になるように，0から5の数字を1つずつ入れましょう。

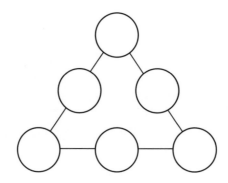

名前 （　　　　　　　　　　　　　　）

3 □の中に「＋・－・×・÷」を入れて，式を4つつくりましょう。

9 □ 9 □ 9 ＝ 9

9 □ 9 □ 9 ＝ 9

9 □ 9 □ 9 ＝ 9

9 □ 9 □ 9 ＝ 9

4 図の中に正方形はいくつあるでしょう。

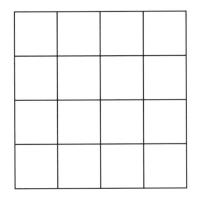

答え （　　　　　　　　　）こ

5 5月1日が金曜日なら，9月26日は何曜日ですか。

答え （　　　　　　　　　）曜日

1 答え

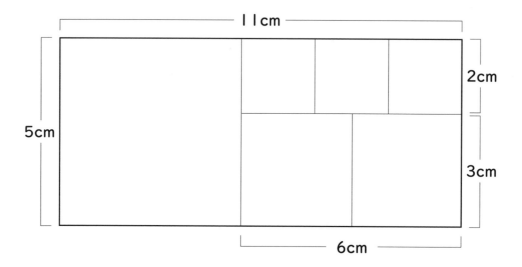

3 答え

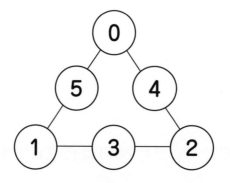

※向きを変えた場合など，答えは他にも存在します。

3 答え

$$9+9-9=9$$
$$9-9+9=9$$
$$9×9÷9=9$$
$$9÷9×9=9$$

4 答え　30こ

１辺の長さに着目して数える。

16こ

9こ

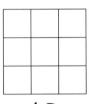
4こ

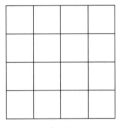
1こ

5 答え　土曜日

5月は１日を除いて，30日，6月は30日，7月は31日，8月は31日，合わせて122日。
9月は26日までなので，122＋26＝148日
148÷7＝21あまり１となる。
21週間と１日なので，9月26日は土曜日である。

【引用文献】
山崎　風①『算数教科書教え方教室』2014　3月号　P.82（明治図書）
雨宮　久②『向山型算数教え方教室』2011　7月号　P.12（明治図書）
高野久昭④『向山型算数教え方教室』2014　1月号　P.83（明治図書）
松藤　司⑤『教室熱中！難問１問選択システム３年』P.18（明治図書）
※数値を一部改変した問題がある

★問題が5問あります。1問だけ選んでときましょう。

1 □に数字を入れて，たて，横，ななめの合計が同じになるようにしましょう。
【ヒント】たて・横に並ぶ数の合計は，真ん中の数の5倍になります。

15		22	3	
			21	2
1	7	13	19	
24	5			
	23		10	11

2 ひろしくんとお母さんの年れいの合計は36才です。お母さんの年れいは，ひろしくんの年れいの4倍より1才年上だそうです。
2人の年れいをそれぞれもとめましょう。

答え
ひろし （　　　　　　　　）才
お母さん （　　　　　　　　）才

3 今，時計は1時30分をさしています。
7時30分までに長いはりと短いはりは何回重なりますか。

答え（　　　　　　　　）回

26

名前（　　　　　　　　　　　　　　　）

4　7つの図形があります。この中で，組み立てるとサイコロにな
るのはどれでしょう。〇をつけましょう。ただし，サイコロの向
かい合う面の数どうしを足すと，かならず7になるものとします。

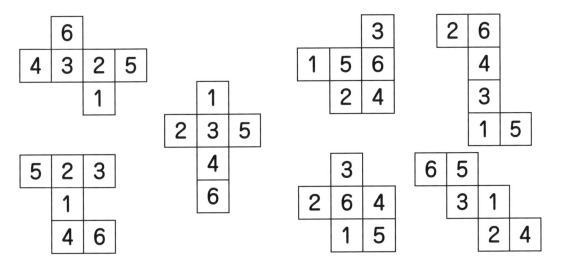

5　時計に1本の直線を引いて2つに分け，その中の数の合計がど
ちらも同じになるようにします。
　　どこに直線を引いたらよいでしょうか。

1 答え　以下の通り

15	16	22	3	9
8	14	20	21	2
1	7	13	19	25
24	5	6	12	18
17	23	4	10	11

2 答え　ひろし7才　お母さん29才

まず，4倍して36をこえては話にならないので，ひろしの年は9才よりもひくい。その後は，9才から1才ずつ年を下げ，条件に当てはまる数を探せばよい。

3 答え　5回

重なるのは，おおよそ，「2時11分」「3時16分」「4時22分」「5時27分」「6時33分」の5回になる。

解説動画4

4 答え

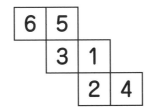

5 答え

時計の数字を合計すると，
1+2+3+4+5+6+7+8+9+10+11+12=78
78を2でわると39。
直線を引いたところの合計が39になるところを探す。

【引用文献】
大関貴之①『教室熱中！難問 1 問選択システム 3 年』P.38（明治図書）
松井靖国③『難問・良問＝5 題 1 問選択システム 小学校中学年［3 年］ダイジェスト版 第3巻』P.13（Toss Media）
八巻　修⑤『難問・良問＝5 題 1 問選択システム 小学校中学年［3 年］ダイジェスト版 第3巻』P.8（Toss Media）
※数値を一部改変した問題がある。

★問題が5問あります。1問だけ選んでときましょう。
え ら

1　□このいちごを，お皿に3こずつのせたら，6まいのせられて，まだ7まいあまっています。いちごは何こあったでしょうか。

答え（　　　　　　　）こ

2　A，B，C，D，Eの5人がしん長をはかりました。次の1～5のことが分かっているとき，5人の中で一番せがひくいのはだれですか。

> 1「AはBよりせが高い」
> 2「BはCよりせが高い」
> 3「CはDよりせがひくい」
> 4「DはAよりせがひくい」
> 5「EはDよりせが高い」

答え（　　　　　　　）

3　1時間45分と35分をたすと，何分ですか。

答え（　　　　　　　）分

名前 （　　　　　　　　　　　　　　　　　　）

4 はばが２cm，長さが14cmの紙テープを４まい使って，正方形
を作りました。のりしろは，４つの角にきちんとかさなるように
しました。
　　内がわの正方形のまわりの長さは，何cmになりますか。

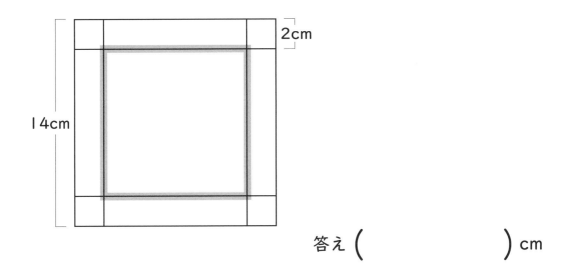

　　　　　　　　　　　　　　答え （　　　　　　　　　） cm

5 あめと，チョコレートを一つずつ買ったところ，合わせて60円
でした。あめはチョコレートより20円やすいです。
　　それぞれのねだんは何円ですか。

　　　　　　答え　あめ　　　 （　　　　　　　　　）
　　　　　　　　チョコレート （　　　　　　　　　）

[1] 答え　18こ

余っている皿の数は関係ない。
3こずつ乗せて，6枚に乗せたのだから，
3×6＝18

[2] 答え　C

左から背の高い順に5人を並べていきます，まずは，1，2の発言から以下のことがわかる，

> 背が高い　A　B　C　背が低い

続いて，3，4の発言から，Dの順番を以下の2通り考える。

> 背が高い　A　D　B　C　背が低い
> 背が高い　A　B　D　C　背が低い

5の発言から，上のどちらの順番でも，EはCよりも背が高いことがわかる。したがって，一番背が低いのはCとなる。

[3] 答え　140分

1時間45分＋35分＝1時間80分
1時間＝60分より，60分＋80分＝140分

解説動画5

選＝三俣貴裕（編集チーム）

4 **答え　40cm**

まず，のりしろが２cm×２＝４cm
紙テープからのりしろ分を引くと，14－４＝10
正方形の１辺は10cmだから，10cm×４＝40cm

5 **答え　あめ20円　チョコレート40円**

チョコレートのねだんを決め，確かめていく。
チョコ50円，あめ30円：50＋30＝80なので×
チョコ40円，あめ20円：40＋20＝60なので○

【引用文献】
石川裕美④『教室熱中！難問１問選択システム３年』P.11（明治図書）

★問題が5問あります。1問だけ選んでときましょう。

1　3，5，7，9，11，13，15，17，19の9まいのカードがあります。このカードをすべて使って，たて，横，ななめの合計がすべて同じになるようにならべましょう。
(11，17，19はすでに使っています。)

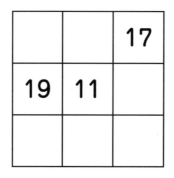

		17
19	11	

2　かがみに写った時計があります。何分間遊んだでしょうか。

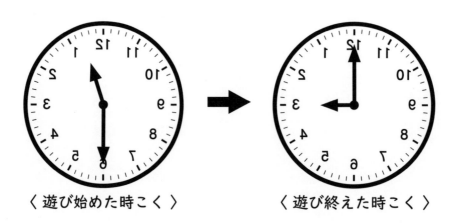

〈 遊び始めた時こく 〉　　　　　〈 遊び終えた時こく 〉

答え (　　　　　　　) 分間

名前 （   ）

3 重さくらべをしました。重いじゅんに番号を書きましょう。

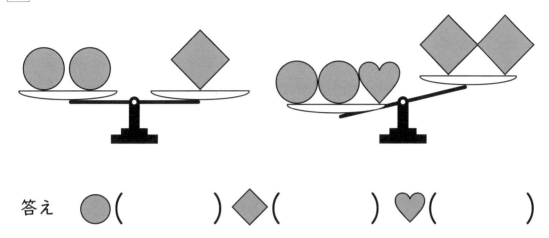

答え ⬤（   ） ◆（   ） ♥（   ）

4 100ページの本の中で、6の数字がページの数字の中に、何回
つかわれているでしょうか。

答え （   ） 回

5 長さ2mのロープがあります。それを半分におり、また半分に
おります。そのまんなかをハサミで1回切りました。
　ロープは何本になったでしょうか。

答え （   ） 本

1 答え　下の図

9	7	17
19	11	3
5	15	13

9つのカードの合計は99になる。

99÷3＝33 これが1列の合計になる。

3つの和が33になる組み合わせを探すと，魔方陣が埋まる。

2 答え　150分間

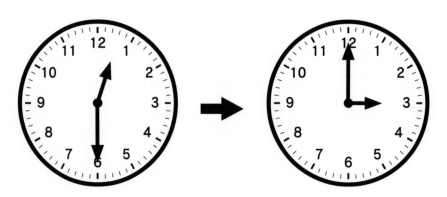

3　答え　　⬤（3）　　◆（2）　　🩶（1）

●●＝◆より，●＜◆。右の天秤，●2つを◆に置き換え，
両側から◆を一つずつ取り去ると，◆＜🩶となる。
よって，●＜◆＜🩶となる。

4　答え　20回

6，16，26，36・・・66，・・・96（10こ）
60，61，62・・・66，・・・69（10こ）
66が重なるので，20－1＝19
66は6が2つなので，19＋1＝20

5　答え　5本

1本のロープを4か所で切るので，5本になる。

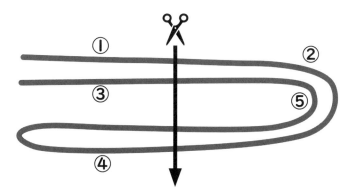

【引用文献】
西村純一 [1]『難問・良問＝5題1問選択システム 小学校中学年［3年］ダイジェスト版 第3巻』P.33（Toss Media）
甲本卓司 [3]『教室熱中！難問1問選択システム3年』P.26（明治図書）
正木恵子 [4]『教室熱中！難問1問選択システム3年』P.42（明治図書）
清水有紀 [5]『教室熱中！難問1問選択システム3年』P.46（明治図書）

難問 No.7

★問題が5問あります。1問だけ選んでときましょう。

1 よう子さんが計算の問題をといています。本当は276をたすところを，間ちがえて267をたしたら，855になりました。正しい答えをもとめましょう。

答え（　　　　　　）

2 1時間に2分おくれる時計があります。
　　午前7時に正しい時刻にセットしました。この時計は，次の日の午前7時には，何時何分をさしているでしょうか。

答え　午前（　　　　　）時（　　　　　）分

3 □に数字を入れて，筆算を完成させましょう。

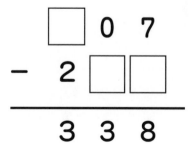

38

4　けんじくんと，お兄さんの年れいをたすと，22才です。けんじくんとお兄さんは，年れいが6才ちがいます。
　　けんじくんは何才でしょうか。

答え（　　　　　　　　　）才

5　カメは→→↓→↓←とすすむと，★に着きます。
　　うさぎが，→↓↓→↓←↑とすすむと，どこに着きますか。
　　〇を書きましょう。

1　答え　864

　　855－267＝588　　588＋276＝864

2　答え　午前6時12分

　　1時間で2分おくれるから，24時間で48分おくれる。
　　7時の48分前は，6時12分。

3　答え

```
    6 0 7
 -  2 6 9
 ───────
    3 3 8
```

出題＝岩岸節子・木村理子・雨宮久・木村重夫

選＝三俣貴裕（編集チーム）

4　答え　8才

けんじくんが，10才だとして，1才ずつ減らしていくと，けんじくん8才のとき，お兄さんは14才となり，年の差が6才で，年を足すと22才になるので，当てはまる。

5　答え

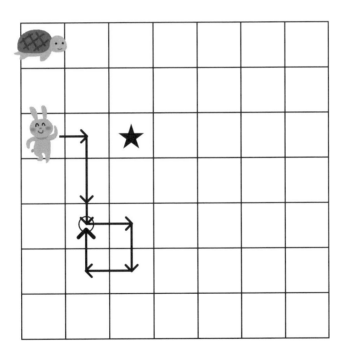

【引用文献】
岩岸節子①『向山型算数教え方教室』2011 3月号 P.34（明治図書）
木村理子②『向山型算数教え方教室』2011 7月号 P.10（明治図書）
雨宮　久③『向山型算数教え方教室』2011 7月号 P.12（明治図書）
木村重夫⑤『向山型算数教え方教室』2011 4月号 P.82（明治図書）
※数値を一部改変した問題がある。

難問 No.8

★問題が5問あります。1問だけ選んでときましょう。

1 小さい4つの三角形は，正三角形で，図のようにならんでいます。大きい三角形のまわりの長さが18cmのとき，小さい三角形1つのまわりの長さは何cmでしょうか。

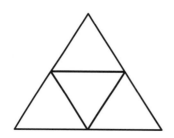

答え (　　　　　　　　) cm

2 けんじ君が，おじいさんに年れいをたずねました。
すると，次のように言いました。
おじいさんの年れいは何才でしょうか。
ただし，100才以下の年れいです。

> わたしの年は，
> 3でわると2あまり
> 5でわると3あまり
> 7でわると5あまる

答え (　　　　　　　) 才

名前 （   ）

3　32cmと17cmのテープを図のようにつないだら，44cmになりました。重なっている「？」の部分の長さは何cmですか。

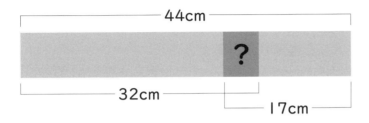

答え （   ） cm

4　1000円札が3まい，100円玉が28まい，10円玉が12まい，1円玉が17まいあります。合計でいくらですか。

答え （   ） 円

5　あつさが1mmの紙を5回おると，あつみは，何mmになるでしょうか。

答え （   ） mm

解答と解説 No.8

1 答え 9cm

大きい三角形の一辺の長さは，18÷3＝6
6÷2＝3より，小さい三角形の一辺は3cm。
3×3＝9

2 答え 68才

5でわって，3あまるのだから，
「○3」か「○8」という数になる。
100以下で，あてはまるものをさがす。

解説動画8

3　答え　5cm

32＋17＝49（かさなりがない場合）

49－44＝5

4　答え　5937円

1000円が　3まい… 3000円

100円が28まい… 2800円

10円が12まい……120円

1円が17まい…… 17円

合わせて…5937円

5　答え　32mm

1回・・・ 2mm

2回・・・ 4mm

3回・・・ 8mm

4回・・・16mm

5回・・・32mm

【引用文献】
阿部　力①『教室熱中！難問1問選択システム 3年―もう1つの向山型算数』P.34（明治図書）
木村重夫②『向山型算数教え方教室』2013 10月号 P.93（明治図書）

難問 No.9

★問題が5問あります。1問だけ選んでときましょう。

1 □に1〜9の数字を1つずつ入れて，しきがなりたつようにしましょう。

$$\boxed{} + \boxed{} = \boxed{}$$

$$\boxed{} \times \boxed{} = \boxed{}$$

$$\boxed{} - \boxed{} = \boxed{}$$

2 たろう・花子・じろうは5kmのマラソンをしました。3人のタイムは下の通りです。

たろう 1時間3分	花子 65分	じろう 3720びょう

1，2，3位はだれでしょうか。

答え
1位（　　　　）
2位（　　　　）
3位（　　　　）

46

名前（ 　　　　　　　　　　　　　　 ）

3 下の図の中に，正方形が何こありますか。

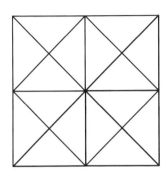

答え（ 　　　　　　　 ）こ

4 同じ大きさの3つのボールが，図のようにならんでいます。
ボール1この半けいは何cmですか。

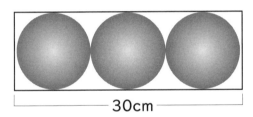

30cm

答え（ 　　　　　　　 ）cm

5 1，2，3，4，5から3つ数字をえらび，□に入れ，式がなりたつようにしましょう。

□ − □ − □ ＝ 0

□ ＋ □ − □ ＝ 3

□ − □ ＋ □ ＝ 6

□ ＋ □ ＋ □ ＝ 9

解答と解説
No.9

1　答え（例）

　　　　①　　　　　　　　　②

$4 + 5 = 9$　　　　$1 + 7 = 8$

$2 \times 3 = 6$　　　　$2 \times 3 = 6$

$8 - 7 = 1$　　　　$9 - 5 = 4$

※矢印の数字は入れかえても可

2　答え　1位 じろう
　　　　　2位 たろう
　　　　　3位 花子

たんいをそろえるとよい。

たろう→63分，花子→65分，じろう→62分

［1時間＝60分］［60秒＝1分］で，［3720秒÷60秒＝62分］の考え
方を使う。

3 答え　10こ

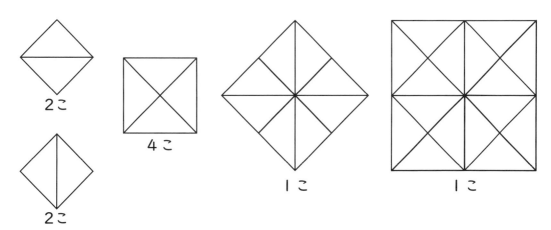

2こ

2こ

4こ

1こ

1こ

4 答え　5cm

ボール1つの直径は30÷3＝10cm
半径＝直径÷2より，10÷2＝5

5 答え（例）

5－3－2＝0
5＋1－3＝3
4－1＋3＝6
2＋4＋3＝9　　※答えは他にも存在する。

【引用文献】
木村重夫 4『向山型算数教え方教室』2013年10月号 P.94（明治図書）
甲本卓司 5『教室熱中！難問1問選択システム3年』P.27（明治図書）

難問 No.10

★問題が5問あります。1問だけ選んでときましょう。

1　バスケットボールの試合がありました。Aくんはその試合で10点とりました。BくんはAくんの2倍，CくんはAくんの半分の得点をとり，DくんはCくんの5倍の得点をとりました。4人であわせて何点とりましたか。

答え（　　　　　　　）点

2　下の図の中に正方形は何こありますか。

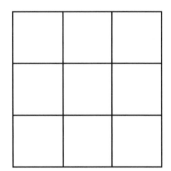

答え（　　　　　　　）こ

3　5，6，7のようにつづいている3つの整数があります。
3つの数をたすと366になります。
3つの数はそれぞれいくつですか。

答え（　　　　　　，　　　　　，　　　　　）

4　円に４本の直線をひき，１１こに分けるには，どのように直線を
ひけばよいでしょうか。

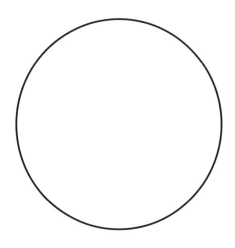

5　りんご３ことみかん３こで450円です。りんご３ことみかん４
こで500円です。
　それぞれ１このねだんはいくらでしょうか。

答え　りんご（　　　　　　　　）円
　　　みかん（　　　　　　　　）円

解答と解説 No.10

1 答え　60点

Aくん：10点
Bくん：10×2＝20点
Cくん：10÷2＝5点
Dくん：5×5＝25点　　　10＋20＋5＋25＝60点

2 答え　14こ

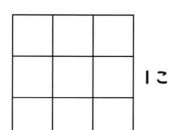

9こ

4こ

1こ

合わせて14こ

3 答え　121　122　123

合計の数を3で割ると，常に3つの数の真ん中の数になる。
366÷3＝122

出題＝橋本翔・高橋薫・斎藤浩康・戸井和彦

選＝橋本翔（編集チーム）

4 答え　下の図の通り

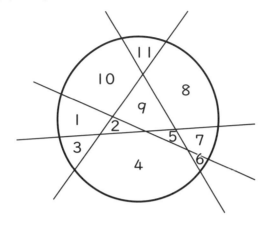

どの線も，他の３本と円の内側で交わるように引く。

5 答え　りんご100円　みかん50円

りんごの数が同じなので，みかんの数のちがいとねだんのちがいに目を
向けるとできる。

みかんは１個50円とすぐにわかると，計算でりんごのねだんを求めるこ
とができる

【引用文献】
高橋薫　②『教室熱中！難問１問選択システム　６年』P.59（明治図書）
斎藤浩康③『教室熱中！難問１問選択システム　３年』P.54（明治図書）
戸井和彦⑤『教室熱中！難問１問選択システム　３年』P.33（明治図書）

★問題が5問あります。1問だけ選んでときましょう。

1 フジオカ村では，4年に一度，村中の人が集まる大運動会と，5年に一度開かれる花火大会があります。2020年は，同じ年に2つのイベントが開かれました。次に2つのイベントが同時に行われるのは何年ですか。

答え（　　　　　　　　）年

2 下の図の中には，何しゅるいの四角形（長方形と正方形）がありますか。
（たてとよこの長さがちがうものは「別のしゅるい」とする）

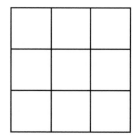

答え（　　　　　　）しゅるい

3 1から30までの整数の合計をもとめましょう。

答え（　　　　　　　　）

名前（　　　　　　　　　　　　）

4 次の口の中に１，３，５，７，９を１つずつあてはめて，計算を完成させましょう。

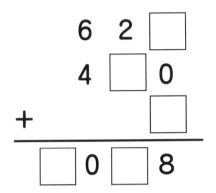

$$
\begin{array}{r}
6\ 2\ \square \\
4\ \square\ 0 \\
+\quad\ \square \\
\hline
\square\ 0\ \square\ 8
\end{array}
$$

5 東京からニューヨークまで飛行きで，１３時間かかります。
　東京を４月１日午前７時に出発すると，ニューヨークには何月何日の何時にとう着しますか。
　じさは１４時間で，東京の方が進んでいます。

答え（　　　　）月（　　　　）日　午__（　　　　）時

1 答え　2040年

２つのイベントが開かれる年は，以下の通り
大運動会：2024，2028，2032，2036，2040
花火大会：2025，2030，2035，2040

2 答え　9しゅるい

以下の9しゅるい

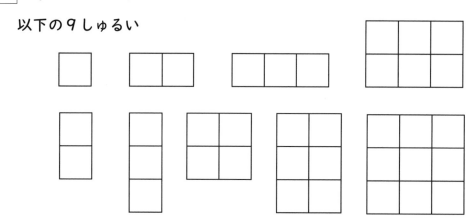

3 答え　465

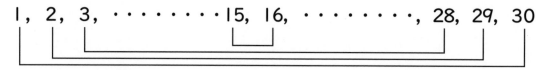

31×15＝465

4 答え　下の通り

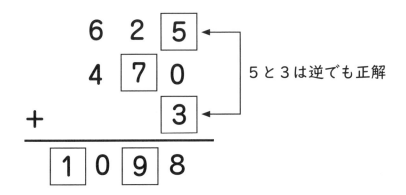

5と3は逆でも正解

5 答え　4月１日午前6時

東京を出発する時のニューヨークは，じさのため
日本より14時間もどすので3月31日午後5時。
そこに移動時間の13時間を加えればいい。

【引用文献】
松藤司　3『難問・良問〔5題・1問〕選択システム3年生特集』P.24（明治図書）
小林大輔 4『難問・良問〔5題・1問〕選択システム3年生特集』P.29（明治図書）
廣野毅　5『難問・良問〔5題・1問〕選択システム3年生特集』P.9（明治図書）
※数値を一部改変した問題がある。

★問題が5問あります。1問だけ選んでときましょう。

1 さすけさんは，お兄さんといっしょにお金を出し合ってゲームソフトを買いました。お兄さんは，さすけさんの2倍のお金を出しました。
　　ゲームソフトのねだんは6600円。さすけさんはお金を何円出したでしょうか。

答え （　　　　　　　　）円

2 下の図の中には，三角形が何こありますか。

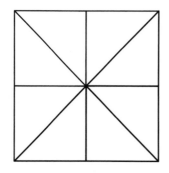

答え （　　　　　　　　）こ

3 1から100までの中に3でわりきれる整数は何こありますか。

答え （　　　　　　　　）こ

名前 （　　　　　　　　　　　　　）

4 下の〇，△，□にはそれぞれ１けたの整数が入ります。
それぞれにあてはまる整数をもとめ，式を完成させましょう。

$$\bigcirc + \bigcirc - \triangle = 1$$
$$\triangle \times \square = 14$$
$$\bigcirc \div \square = \square$$

答え　〇＝ （　　　　　　） △＝ （　　　　　　）□＝ （　　　　　　）

5 チョコレート，いちご，ぶどう，ポテトチップスを順番に食べ
ようと思います。何通りの食べ方がありますか。

答え （　　　　　　　　） 通り

1 答え　2200円

お兄さんが2倍出したので，
ゲームソフトはさすけさんの出したお金の3倍である。
6600 ÷ 3 ＝ 2200

2 答え　16こ

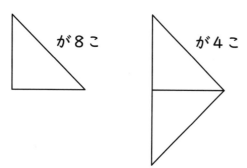
が8こ　　が4こ

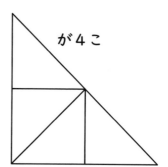
が4こ

3 答え　33こ

3で割りきれる数を書きだしていく。

3,6, 9,12,15,18,21,24,27,30,33,36,39,42,45,48,51,54,57,60,
63,66,69,72,75,78,81,84,87,90,93,96,99

4 答え　〇＝4　△＝7　□＝2

4＋4－7＝1
7×2＝14
4÷2＝2

5 答え　**24通り**

チョコレートが1番はじめの時 … 6
いちごが1番はじめの時 … 6
ぶどうが1番はじめの時 … 6
ポテトチップスが1番はじめの時 … 6

合計　24

【引用文献】
斎藤浩康⑤『教室熱中！難問1問選択システム3年』P.55（明治図書）

★問題が5問あります。1問だけ選んでときましょう。

1 あさかさんは，おととい新しい本を買って40ページ読みました。昨日は，おとといの2倍のページ，今日は，おとといの半分のページを読みました。明日30ページ読むと，その本は読み終わります。あさかさんが買った本は何ページでしょうか。

答え（　　　　　　　　）ページ

2 下の直角三角形をすき間なくならべて正方形を作ります。作ることができる「もっとも小さい正方形」の一辺の長さは何cmでしょうか。

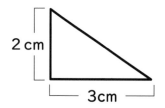

答え（　　　　　　　）cm

3 かけ算九九には，何この答えがありますか。
　　答えが同じものは1こと考えます。
　　例えば，2×4と4×2はどちらも「8」なので，1こと考えます。

答え（　　　　　　）こ

4 下の〇，△，□にはそれぞれ1けたの整数が入ります。
それぞれにあてはまる整数をもとめ式を完成させましょう。

$$8 + 〇 - △ = □$$
$$△ × □ = 24$$
$$8 ÷ △ = 〇$$

答え　〇＝（　　　　　）　△＝（　　　　　）□＝（　　　　　）

5 スーパーマーケットで買い物をしました。レジに行き，お札を
1枚出したら，754円のおつりをもらいました。
　いくら買い物をしたのでしょうか。考えられる全ての答えを書
きましょう。

答え（　　　　　　　　　　　　　　　　　　　　　　　　）

解答と解説 No.13

1 答え　170ページ

おととい：40ページ
昨日：40×2＝80ページ
今日：40÷2＝20ページ
明日30ページ

40＋80＋20＋30＝170

2 答え　6cm

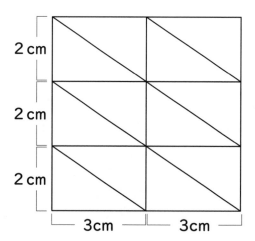

3 答え　36こ

かけ算九九一覧表参照

4 　答え　　〇=2　　△=4　　□=6

$8 + 2 - 4 = 6$

$4 \times 6 = 24$

$8 \div 4 = 2$

5 　答え　　246円　4246円　9246円

お札は，千円札，五千円札，一万円札，の3種類ある。

$1000 - 754 = 246$

$5000 - 754 = 4246$

$10000 - 754 = 9246$

【引用文献】
福岡美智雪⑤「教室熱中！難問１問選択システム３年」P.71（明治図書）

★問題が5問あります。1問だけ選んでときましょう。

1　校庭を14分間走ることになりました。
　ところがあるのは4分のすな時計と9分のすな時計だけです。
　14分間走るには，すな時計をどのようにつかえばよいでしょうか。
（手伝ってもらえる人がいるとします。）

答え　（　　　　　　　　　　　　　　　　　　　　　　　　　　）

2　記号の数字をならべて3けたの数にします。
　同じ記号には，同じ数字が入ります。
　○，□，△にあてはまる0〜9の数字をもとめましょう。

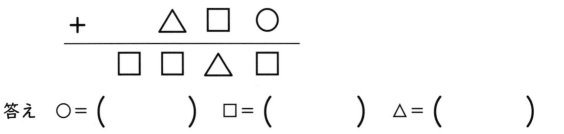

答え　○=（　　　　　）　□=（　　　　　）　△=（　　　　　）

3　黒と白のカードが，あわせて50まいありました。白のカードを
9まい黒くぬったら，黒と白のカードがちょうど同じまい数にな
りました。
　黒のカードは，はじめは何まいだったでしょうか。

答え（　　　　　　）まい

名前 （　　　　　　　　　　　　　）

4 同じ大きさのつみ木を重ねて次の形を作ります。
つみ木は何こいりますか。

答え（　　　　　　　）こ

5 100mの道に、5mおきに木を植えていきます。
木は何本植えられますか。

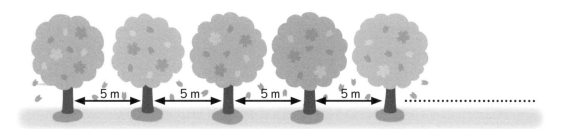

答え（　　　　　　　）本

1 答え　4分の砂時計と
　　　　9分の砂時計を
　　　　同時に逆さまにする。

4分の砂時計が終わると9分の砂時計も4分経過している。そこでスタートをする。9分の砂時計が終わったとき，5分経過している。つまり，5分間走ったことになる。
そこで9分の砂時計をもう一度逆さまにする。
この9分の砂時計が終わったときに14分走ったことになる。

2 答え　〇＝8，□＝1，△＝3

答えにだけ千のくらいがある。
2つの足し算では，くり上がるときには1しかない。そこで，□＝1。
一のくらいの足し算を見ると△＋〇は1か11だとわかる。
百のくらいの足し算から△＋〇＝11とわかる。
十のくらいの足し算は，1＋1＋1（くり上がりの1）＝3。
だから，△＝3。
△＋〇＝11，△＝3とわかったので，〇＝8となる。

3 答え　16まい

ぬった後の黒のまい数が
50÷2＝25
そのうち9枚は白を黒くぬったものだから
はじめの黒のカードのまい数は
25－9＝16

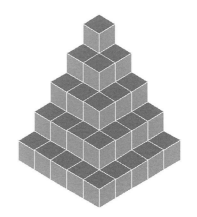

4 　答え　55こ

一番上のだんが
1×1＝1
順番に2×2＝4
3×3＝9
4×4＝16
5×5＝25
1＋4＋9＋16＋25＝55

5 　答え　21本

道のはじからはじまで木を植えると，植えた木の数の方が，
木と木の間の数よりも1多くなる。
100÷5＝20
20＋1＝21

解説動画14

【引用文献】
中地強　　① 『難問・良問＝5題1問選択システム小学校中学年［3年］ダイジェスト版第3巻』P.20（Toss Media）
遠藤祥一 ②③『難問・良問＝5題1問選択システム小学校中学年［3年］ダイジェスト版第3巻』P.32（Toss Media）
澤田好男 ④ 　『教室熱中！難問1問選択システム1年』P.15（明治図書）
※数値を一部改変した問題がある。

★問題が5問あります。1問だけ選んでときましょう。

1 カードをならべて式を作りましたが、正しくありません。しかし、1枚だけをべつのカードの上にのせると正しくなります。
   どのカードをどこにのせればいいでしょうか。

$$4 + 5 + 6 = 7 + 8 + 9$$

答え（   ）のカードを
   （   ）のカードの上にのせる

2 下の図の中に二等辺三角形は何こあるでしょうか。

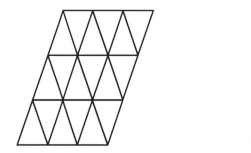

答え（   ）こ

3 電車とバスが午前10時に出発しました。電車は8分おき、バスは9分おきに出発します。
   次に電車とバスがいっしょに出発するのは、何時何分でしょうか。

答え　午前（   ）時（   ）分

4 数が書かれたつみ木を，下の図のように9こずつならべてつみます。

「92」のつみ木は，何だん目にあるでしょうか。

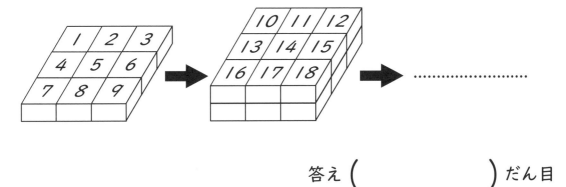

答え（　　　　　　　　）だん目

5 となり合う2つの数をかけて一の位の数字を下の〇に書きます。このようにかけていくと，1番下の〇の数字は何になるでしょうか。

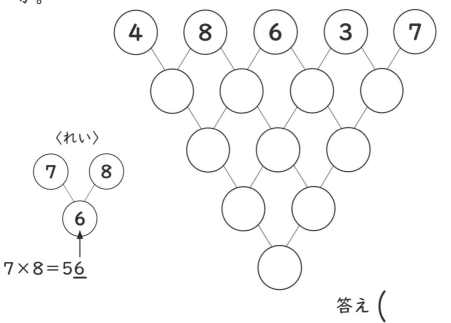

〈れい〉

7×8＝5<u>6</u>

答え（　　　　　　　　）

1 答え7のカードを
　　　5のカードの上にのせる

$$4 + 7 + 6 = \boxed{} + 8 + 9$$

2 答え　28こ

問題の四角形を2つに分けて考える。
①一番小さな二等辺三角形1つ：9こ
②一番小さな二等辺三角形4つ：3こ
③一番小さな二等辺三角形9つ：1こ
大きな三角形の中に二等辺三角形は13こある。それが，2つ分なので，
26こ。そして，④の2つを足して，答えは28ことなる。

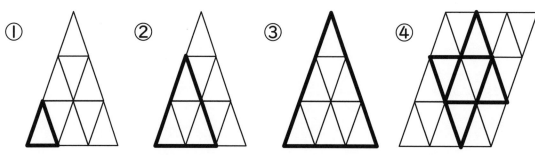

3 答え　午前11時12分

午前10時に出発したのだから，
電車とバスの時刻表は次のようになる。
電車8　16　24　32　40　48　56　(11時)4　⑫
バス9　18　27　36　45　54　(11時)3　⑫

4　答え　11だん目

各段はどの数字から始まるのか。

1段目→1～　　2段目→10～　　3段目→19～

当然，9ずつ大きくなっている。

それぞれの段の数字が，いくつから始まるのかが分かる。

10段目→82～　　11段目→91～

問題の92は，11段目に書かれている。

5　答え　8

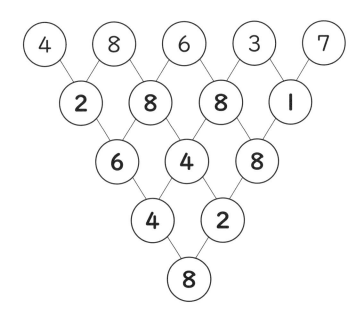

【引用文献】
松井靖国 ①『教室熱中！難問1問選択システム3年』P.79（明治図書）
中地直樹 ②『教室熱中！難問1問選択システム1年』P.86（明治図書）
前田道子 ③『難問・良問＝5題1問選択システム 小学校中学年［3年］ダイジェスト版 第3巻』P.16（Toss Media）
神藤晃 ④『難問・良問＝5題1問選択システム 小学校中学年［3年］ダイジェスト版 第3巻』P.29（Toss Media）
木村孝康 ⑤『教室熱中！難問1問選択システム3年』P.120（明治図書）
※数値等を一部改変した問題がある。

難問 No.16

★問題が5問あります。1問だけ選んでときましょう。

1　5000円さつで，3005円の買い物をしました。
　　おつりをみたら，500円玉，100円玉，50円玉，10円玉，5円玉が同じ数ずつありました。それぞれ何こずつあったのでしょう。

答え (　　　　　　　) こずつ

2　マッチぼうを一本だけ動かして，しきがなりたつようにします。どのマッチをどこにいどうするか，矢じるしを書きましょう。（マッチぼうを重ねたり，おったりしてはいけません。）

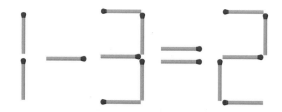

3　下の図のように，白と黒の石がならんでいます。
　　始めから100番目の石は，白ですか。黒ですか。

○●○○○●●○○●○○○●●○・・・

答え (　　　　　　　)

名前 （ 　　　　　　　　　　　　　 ）

4 0から9までのカードが1まいずつ，10まいあります。
□に入る数字を書きましょう。

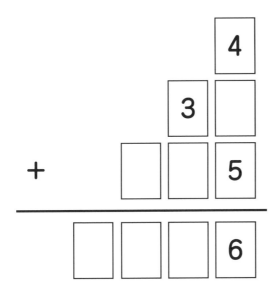

5 17cm，16cm，14cm，10cm，9cmのテープをつなげて，
54cmのテープを1本つくります。のりしろは何cmにすればよい
でしょうか。ただし，のりしろはすべて同じ長さです。

答え（ 　　　　　　　　　 ）cm

1 答え　3こずつ

500円玉，100円玉，50円玉，10円玉，5円玉が1こずつあるときは，665円。
3005円の買い物をしたので，おつりは5000－3005で1995円
1995÷665＝3

2 答え　以下の通り

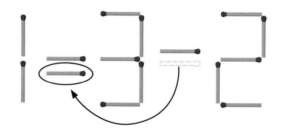

3 答え　白

石の並び方は，〇●〇〇●●が連続している。
100÷6＝16あまり4
だから，4番目の〇が100番目の石である。

4 答え　下の図の通り

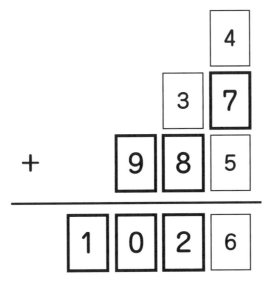

5 答え　3cm

のりしろがないと，
17＋16＋14＋10＋9＝66
のりしろの部分は全部で
66－54＝12
つなげるときにのりしろは4カ所になるので，4等分すると
12÷4＝3

【引用文献】
西山喜一郎 ①『教室熱中！難問1問選択システム3年』P.59（明治図書）
有村春彦　③『教室熱中！難問1問選択システム3年』P.51（明治図書）
木村重夫　④『教室熱中！難問1問選択システム3年』P.117（明治図書）
賀本俊教　⑤『教室熱中！難問1問選択システム3年』P.87（明治図書）

★問題が5問あります。1問だけ選んでときましょう。
えら

1 サルが，深さ30mの井戸に落ちました。1日に3mのぼります
い ど
が，夜ねている間に2mずり落ちます。このサルは，何日目に井
戸から出ることができるでしょうか。
ど

答え (   ) 日目

2 たて，よこ，ななめのどの3つの数字をたしても，合計は同じ
数になります。あいているところに数字を書きましょう。

6		2
8		

3 あきこさんの学校は，80日後に冬休みになります。今日は火曜
日です。冬休みが始まるのは何曜日でしょうか。

答え (   ) 曜日

[4]　白，黒，茶色い３びきのネコがいます。白いネコは茶色いネコより150gかるく，黒いネコよりも50gかるいです。黒いネコと茶色いネコの重さをたすと1100gになります。
　　それぞれのネコの重さを答えましょう。

答え　白いネコ（　　　　　　）g
　　　黒いネコ（　　　　　　）g
　　　茶色いネコ（　　　　　　）g

[5]　下の４まいのカードから３まいえらび「＋，－，×，÷，（　）」を使い，正しい式を作りましょう。

| 5 | 8 | 10 | 40 |

〈れい〉 | 10 | － | 40 | ÷ | 8 | = 5

□ □ □ = 4

□ □ □ = 3

□ □ □ = 2

□ □ □ = 1

□ □ □ = 0

解答と解説
No.17

1　答え　28日目

１日に１ｍずつ上がっていくことになるので，27日目で27ｍになる。
28日目はまず３ｍ上がるので，上についてしまう。
よって，28日目。

2　答え　下の図の通り

6	7	2
1	5	9
8	3	4

3　答え　金曜日

１週間は７日なので，７でわる。
80÷７＝11あまり３
だから，11週と３日となる。
火曜日の３日後は，金曜日。

4 答え　白いネコ　450g
　　　　黒いネコ　500g
　　　　茶色いネコ600g

白いネコは，茶色いネコより150gかるい。
白いネコは，黒いネコより50gかるい。
だから，黒いネコは茶色いネコより100gかるいことが分かる。
また，黒いネコと茶色いネコを合わせると1100gとなる。
茶－黒＝100
茶＋黒＝1100

5 解答例

$$8 \times 5 \div 10 = 4 \qquad 8 - (10 - 5) = 3$$
$$8 + 5 - 10 = 3 \qquad 10 \times 8 \div 40 = 2$$
$$10 - 40 \div 5 = 2 \qquad 5 \times 8 \div 40 = 1$$
$$5 - 40 \div 10 = 1 \qquad 5 \times 8 - 40 = 0$$
$$40 \div 5 - 8 = 0 \qquad 5 \times 8 \div 10 = 4$$

【引用文献】
白石周二 ①⑤『教室熱中！難問1問選択システム3年』明治図書 P.74
木村重夫 ②　『教室熱中！難問1問選択システム3年』明治図書 P.114
小貫義智 ③④『教室熱中！難問1問選択システム3年』明治図書 P.102

難問
No.18

★問題が5問あります。1問だけ選んでときましょう。

1　次の数は，それぞれにあるきまりにそってならんでいます。
　　□の中にあてはまる数を入れましょう。

（1）1，4，9，16，□，36

（2）1，2，4，7，11，□，22

（3）1，2，3，5，8，13，□，34

2　□の中に＋か－を入れて，答えを100にしましょう。

（1）123□45□67□89＝100

（2）98□76□54□3□21＝100

3　たとえば，11〜15のように，れんぞくする5つの数をたして，365になるようにします。その時の5つの数をすべてもとめましょう。
（たとえば，10＋11＋12＋13＋14＝60，これは365になりません。）

□＋□＋□＋□＋□＝365

4　9才のまみさんには8才，7才の妹がいます。この3人の年れ
　いの合計が90才になるのは何年後でしょうか。

9才　　　　　　8才　　　　　　7才

まみ　　　　　　ゆめ　　　　　　あい

答え（ 　　　　　　　　）年後

5　ある国の計算です。
　　1＋7はいくつになるでしょう。

1＋0＝1
1＋1＝10
1＋2＝11
1＋3＝100
1＋4＝101
1＋5＝110
1＋6＝111
1＋7＝　？

答え（ 　　　　　　　）

1 答え　（1）25　（2）16　（3）21

（1）1×1，2×2，3×3，4×4，…

　　　□＝5×5＝25

※前の数と次の数の差が，3・5・7・9・11…とふえていく。

　　　□＝16＋9＝25

（2）前の数と次の数との差が，1，2，3，4，…と1ずつふえている。

　　　□＝11＋5＝16

（3）前の2つの数をたしていく。

　　　□＝8＋13＝21

2 答え　（1）123－45－67＋89＝100

　　　　　（2）98－76＋54＋3＋21＝100

　1から9までの数字を1つずつ使い，その順番のままで，間に＋や－を入れて答えを100にする計算を「小町算」といいます。

3 答え　71　72　73　74　75

　「連続する数」はどれもほぼ等しいとして，□×5＝365と考え，□は70とちょっとの数であると見当をつける。70＋71＋72＋73＋74＝360より，70を75に変えると，和が365になる。

4 答え　22年後

パターンを見つける。

$90-(9+8+7)=66$

１年に３人の年れいの合計は３才ずつ増えるので，

$66÷3=22$

5 答え　1000

二進法の問題。二進法は，２で位が一つ上がる。

つまり「１」「０」で，全ての数を表すことになる。

$1+0=1$

$1+1=10$

$1+2=11$

$1+3=100$

$1+4=101$

$1+5=110$

$1+6=111$

$1+7=111+1=112=1000$（1000）

$1+8=1001$

$1+9=1010$

【引用文献】
髙橋恒久①②③⑤『教室熱中！難問１問選択システム３年』P.82（明治図書）
伊藤佳之④　　　　『教室熱中！難問１問選択システム３年』P.98（明治図書）

★問題が5問あります。1問だけ選んでときましょう。

1　3つの果物（くだもの）を買いに行きました。1kgに一番近い重さになりました。どれを買ったのでしょうか。（同じものは1つしか買えません。）

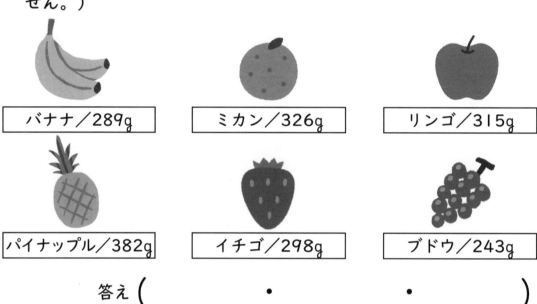

| バナナ／289g | ミカン／326g | リンゴ／315g |
| パイナップル／382g | イチゴ／298g | ブドウ／243g |

答え（　　　　・　　　　・　　　　）

2　1つの辺に●を3こならべて正方形をつくると，●は全部で8こになります。

　　●が全部で124こになるには，1つの辺に●を何こならべるとよいでしょうか。

答え（　　　　）こ

名前 (　　　　　　　　　　　　　　　　)

---

3 おはじきを次のようにならべていきます。20回ならべたときの, 白と黒のおはじきの合計は, どちらがどれだけ多いでしょう。

1回目	→	1回目・2回目	→	1回目・2回目・3回目	→・・・

○

○ ●
● ●

○ ● ○
● ● ○
○ ○ ○

答え (　　　　　　　　) が (　　　　　　　　) まい多い

---

4 あゆねさんは, お父さんからおこづかいをもらい, ちょ金しました。はじめにちょ金していたお金の6倍になりました。
　1500円分の文房具を買ったので, はじめにちょ金していたお金の3倍になりました。
　はじめにちょ金していたお金はいくらだったのでしょう。

答え (　　　　　　　　) 円

---

5 100円玉2まい, 50円玉2まい, 10円玉2まいではらえるお金は何通りありますか。
　使わないお金があってもかまいません。

答え (　　　　　　　　) 通り

1 答え　パイナップル・ミカン・バナナ

382＋326＋289＝997（g）

2 答え　32こ

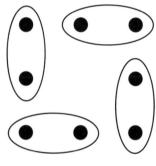 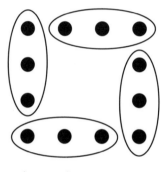

（3-1）×4＝8　　　　　　　（4-1）×4＝12

（□-1）×4＝124
□-1＝124÷4
□＝31+1
□＝32

3 答え　黒が20まい多い

絵や図をかく。続きの絵をかいていくうちに，1，3，5，7，9…と
増えていくのに気付くだろう。
　　白：1＋5＋…＋37＝190
　　黒：3＋7＋…＋39＝210
ここで，上の計算をしなくても，2つの式のn番目の数を見ると黒のおは
じきの方が2大きいので，答えの差は2×10＝20とすぐにでてくる。

4　答え　500円

はじめに貯金していたお金

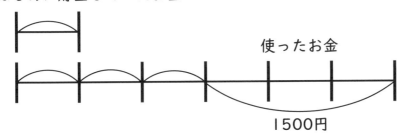

1500円

貯金したお金が6倍→3倍になったので　6－3＝3
はじめの貯金額の3倍を文房具で使ったことになるので
1500÷3＝500

5　答え　20通り

　1番小さいお金は10円です。1番大きいお金はすべてのお金を使ったときの320円です。10円から320円まで10円単位ではらえるお金は32通りあります。しかし，30円，40円，80円，90円，130円，140円，180円，190円，230円，240円，280円，290円の12通りは作ることができません。
　だから，32通り－12通り＝20通りとなります。

【引用文献】
賀本俊教①②④『教室熱中！難問1問選択システム3年』P.86（明治図書）
伊藤佳之③　　『教室熱中！難問1問選択システム3年』P.98（明治図書）
小池哲也⑤　　『教室熱中！難問1問選択システム3年』P.62（明治図書）

難問 No.20

★問題が5問あります。1問だけ選んでときましょう。

1 下の図で，スタートからAの地点を通って，できるだけ近い道のりでゴールまで行きます。全部で何通りの行き方がありますか。

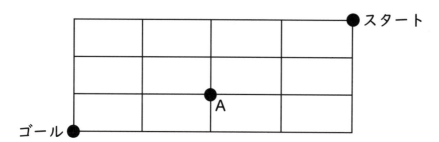

答え（   ）通り

2 一番前にいるのはだれかを答えましょう。

しんいちは，たつやの後ろにいます。ゆういちろうは，たかおの後ろにいます。ともこは，こうじの後ろにいます。じゅんは，みかの後ろにいます。たかおは，ゆうじの後ろにいます。みほは，ちかのりの後ろにいます。みかは，しんいちの後ろにいます。こうじは，みほの後ろにいます。ゆうじは，たまみの後ろにいます。ともみは，じゅんの後ろにいます。たつやは，ゆういちろうの後ろにいます。たまみは，ともこの後ろにいます。

これらの13人が同じ方向を向いて一列に並んでいるとすると，一番前にいるのはだれですか。

答え（   ）

名前 （　　　　　　　　　　　　　　　　　）

3　「7」「7」「3」「8」の4つの数字全部と，＋－×÷のいくつ
　　かを組み合わせて10を作ります（同じ記号を何回つかってもかま
　　わない）。答えが10になる式を1つ書きましょう。

〈例〉　7＋3＝10
　　　　8－7＝1
　　　　10×1＝10

答え （　　　　　　　　　　　　　　　　　）

4　□に正しい数字を入れましょう。

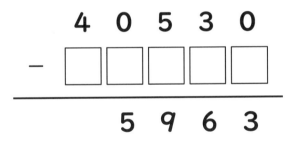

```
   4 0 5 3 0
-  □ □ □ □ □
 ───────────
   5 9 6 3
```

5　次の図形の中に，四角形は何こありますか。

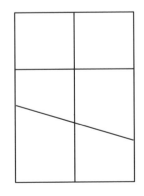

答え （　　　　　　　）こ

1 答え　18通り

ポイントは2つ。1つは，スタートからA地点までと，A地点から
ゴールまでを，分けて考えられるかどうか。もう1つは，かけ算
を応用できるかどうかである。
スタートからA地点までの行き方は下の6通り。

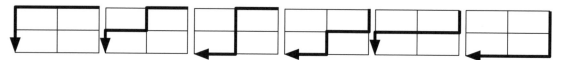

A地点からゴールまでの行き方は下の3通り。

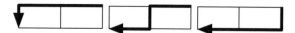

したがって，スタートからA地点を通ってゴールに行く方法は，
6×3＝18ある。

2 答え　ちかのり

ポイントは，文にあわせて名前をならべていくこと。

前							後
ちかのり	みほ	こうじ	ともこ	たまみ	ゆうじ	たかお	ともみ
						ゆういちろう	じゅん
							みか
							しんいち
							たつや

出題＝西田裕之・平岡大祐・喜屋武仁

選＝荻野裕介（編集チーム）

3 解答例　以下の通り

$$7 \div 7 = 1$$
$$8 + 3 = 11$$
$$11 - 1 = 10$$

$$7 \div 7 = 1$$
$$3 - 1 = 2$$
$$8 + 2 = 10$$

など

4 答え　以下の通り

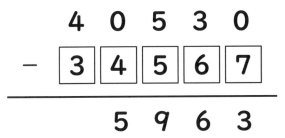

5 答え　18こ

6枚でできる四角形の数→1こ
4枚でできる四角形の数→2こ
3枚でできる四角形の数→2こ
2枚でできる四角形の数→7こ
1枚でできる四角形の数→6こ

【引用文献】
西田裕之①②③『教室熱中！難問1問選択システム3年』P.90（明治図書）
平岡大祐④　　『教室熱中！難問1問選択システム3年』P.135（明治図書）
喜屋武仁⑤　　『教室熱中！難問1問選択システム3年』P.94（明治図書）

★いろいろな文ぼうぐがあります。つぎの問題に答えましょう。

1 文ぼうぐの数の表とグラフをかんせいさせましょう。

2 「その他」に入るのは，どの文ぼうぐですか。

答え（　　　　　　　）

3 のりの半分の数しかない文ぼうぐは，どれですか。

答え（　　　　　　　）

文ぼうぐ	数（こ）
えんぴつ	5
のり	
けしゴム	
はさみ	
その他	
合計	

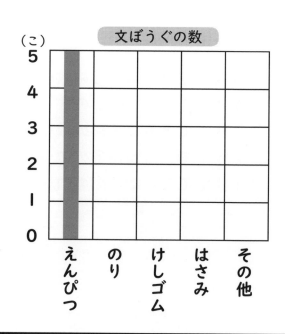

名前（　　　　　　　　　　　　　）

★かなとけんじは，学校のまわりのごみひろいをしました。
　下のグラフは，2人が集めたゴミのしゅるいと，重さです。

4 グラフの□にあてはまる数を書きましょう。

5 かなとけんじ2人あわせて2番目に多く集まったゴミのしゅる
　いは，何ですか。また，何kgですか。

　　　　　答え（　　　　　　　　　）が（　　　　　　　　　）kg

6 けんじとかな，どちらが何kg多くゴミを集めましたか。

　　　　　答え（　　　　　　　　　）が（　　　　　　　　　）kg多く集めた

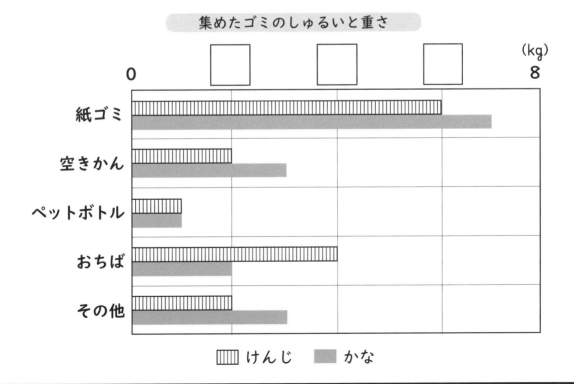

集めたゴミのしゅるいと重さ

7 つぎのグラフは，4月から8月までに図書館に来た，男女の数をまとめたものです。
①～②の問題に答えましょう。

① もっともたくさんの人が来たのは何月で何人ですか。

答え（　　　　　　　）月（　　　　　　　）人

② 男子と女子，どちらが，たくさん来ましたか。

答え（　　　　　　　）

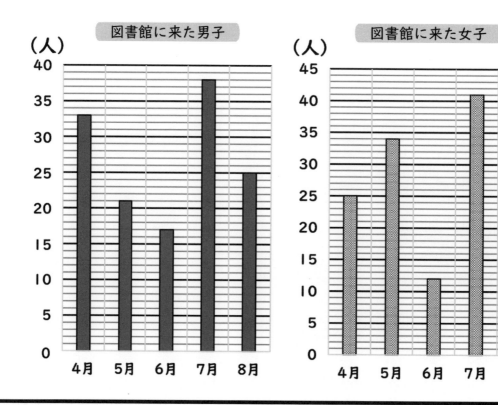

図書館に来た男子

図書館に来た女子

名前（　　　　　　　　　　　　　　）

★つぎの表は，4月から6月におきた，けがのしゅるいと人数をまとめたものです。

　⑧〜⑩の問題に答えましょう。

⑧　㋐〜㋐に入る数字はいくつですか。
　　表の（　）に書き入れましょう。

⑨　㋑はどんな数をあらわしていますか。
　　（　）にあてはまる数を書きましょう。

　　　答え（　　　　　　　　　）月に（　　　　　　　　　）をした人数

⑩　4月から6月にかけて，人数がふえ続けた「けがのしゅるい」は
　　何ですか。

　　　　　　　　　　　　　　　　　答え（　　　　　　　　　）

	4月	5月	6月	合計(人)
きりきず	5	9	㋐（　　）	20
すりきず	㋑（　　）	9	7	㋒（　　）
ねんざ	2	㋓（　　）	9	㋔（　　）
打ぼく	4	㋖（　　）	㋗（　　）	18
合計	22	29	29	㋘（　　）

1

文ぼうぐ	数（こ）
えんぴつ	5
のり	4
けしゴム	3
はさみ	2
その他	3
合計	17

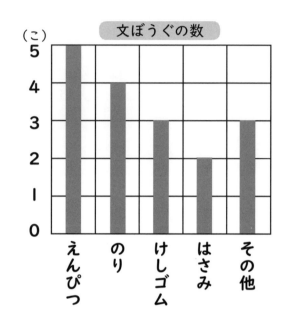

2　答え　コンパス・ものさし・カッター

3　答え　はさみ

4 答え

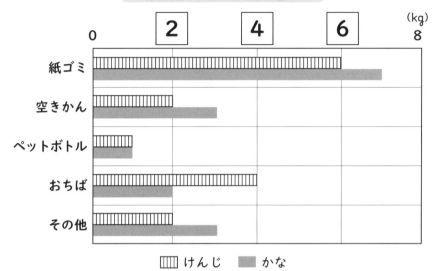

集めたゴミのしゅるいと重さ

5 答え　（おちば）が（6）kg

おちば2＋4＝6（kg）

6 答え　（かな）が（1）kg多く集めた

かな7＋3＋1＋2＋3＝16
けんじ6＋2＋1＋4＋2＝15
差16－15＝1

7　① 答え　7月79人
　　② 答え　女子

男子と女子のグラフの縦軸と横軸に注目させる。
縦軸のメモリが違うので1つ1つ読み取る必要がある。

	男子	女子	合計
4月	33	25	58
5月	21	34	55
6月	17	12	29
7月	38	41	79
8月	25	24	49
合計	134	136	270

8 答え

	4月	5月	6月	合計(人)
きりきず	5	9	㋐（ 6 ）	20
すりきず	㋑（ 11 ）	9	7	㋒（ 27 ）
ねんざ	2	㋓（ 4 ）	9	㋔（ 15 ）
打ぼく	4	㋕（ 7 ）	㋖（ 7 ）	18
合計	22	29	29	㋗（ 80 ）

9 答え　4月にすりきずをした人数

10 答え　ねんざ

1 天びんに野さいをのせて，重さをくらべました。
〈左図〉カボチャ1ことナス5こは同じ重さです。
〈右図〉カボチャ3ことキャベツ5こは同じ重さです。
では，キャベツ1こは，ナス何こと同じ重さですか。

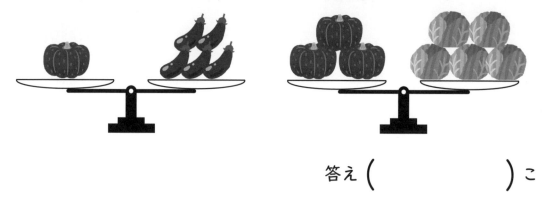

答え（   ）こ

2 つよしくんの出場するマラソン大会には，17人がさんかします。かく選手に配られるゼッケンのうちもっとも大きい番号は16です。同じ番号をつけている人はいません。
では，選手全員のゼッケンの番号をかけあわせるといくつになりますか。

答え（   ）

3 チョコレートをできるだけ平等に配っています。
ひろとくんが74こ配り終わったとき，まさひろくんは12こ持っていました。
ひろとくんは何人の友だちにチョコレートを配りましたか。

答え（   ）人

名前 （　　　　　　　　　　　　　）

4　たろうくん，さきさん，ゆみさん，ひろきくん，めいさんの5人で1つのグループを作ります。丸いテーブルに下の図のようにすわり，ゲームをします。

　次のじょうけんのとき，たろうくんの右どなりには，だれがすわっているでしょうか。

じょうけん1：さきさんの右どなりは，ゆみさん
じょうけん2：ひろきくんとゆみさんは，となりあっていない
じょうけん3：めいさんの左どなりが，ひろきくん
（子どもたちは，テーブルの方をむいてすわっています。）

答え（　　　　　　　　　）

5　ふしぎなビスケットがありました。

　このビスケットは1分間で1つが2つにふえ，その2つのビスケットもそれぞれが2つにふえ・・・というように，1分たつごとに数が2倍にふえていきます。午後1時にビスケットを1つだけ大きな箱に入れました。午後3時には大きな箱がビスケットでいっぱいになりました。

　では，この箱の半分がビスケットでいっぱいになったのは午後何時何分ですか。

答え　午後（　　　　　　）時（　　　　　　）分

6 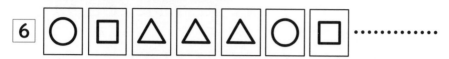 ……………

のように同じ順番に並んでいるカードがあります。
カードは全部で100あります。

⬜⭕ のカードは全部で何まいありますか。

答え (　　　　　　　　) まい

7　ユリちゃんとケイちゃんは, 2人姉妹です。
　1人はウソをついていることがわかっています。もう1人は, ウソ
をついているかどうかわかりません。
　ユリちゃんとケイちゃん, どちらがお姉ちゃんですか。

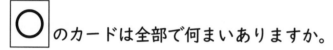

ケイちゃんが
お姉ちゃんだよ。

ユリちゃんは妹よ。

ユリちゃん　　　ケイちゃん

答え (　　　　　　　　)

8　次の数字のほうそくを見つけ, 「?」にあてはまる数字を答えま
しょう。

5→7
7→9
9→1
14→6
18→0
21→?

答え　?は (　　　　　　　)

名前（　　　　　　　　　　　　　　）

9　みんなでお弁当を食べます。わになってお弁当を食べるのは，8人グループです。8人の発言から，たろうくんとたくやくん以外の席を考えて，図の中に名前を書き入れましょう。
　たろう 「けいこさんは，ぼくのとなりじゃないよ。

　　たろう 「けいこさんは，ぼくのとなりじゃないよ。」
　　ちはる 「わたしは，たろうくんの左どなりでもなく，
　　　　　　正面でもないよ。」
　　ひろき 「ぼくは，たろうくんの正面じゃないよ。」
　　めい　 「わたしは，あゆみさんの正面だよ。」
　　たくや 「ぼくは，めいさんのとなりだよ。」
　　あゆみ 「わたしは，たろうくんの右どなりだよ。」
　　けいこ 「わたしは，めいさんのとなりじゃないよ。」
　　さえ　 「わたしは，あゆみさんのとなりだよ。」

答え

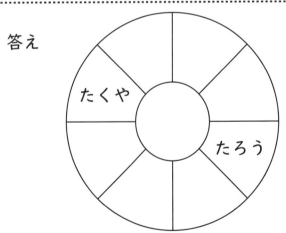

10　1mmの紙を10回おると，あつさは何mmになりますか。

答え（　　　　　　　）mm

1 答え　3こ

カボチャ1こ＝ナス5こ
つまり，カボチャ3こ＝ナス15こ
カボチャ3こ＝ナス15こ＝キャベツ5こ
ナス15こ＝キャベツ5こ　なので，15÷5＝3

2 答え　0

問題文からわかること
・一番大きいゼッケンの番号は16
・全員がちがう番号をつけている
17人に配られたゼッケンは，0～16番だとわかる。
0をかけると答えは「0」になる

3 答え　6人

「チョコレートを平等に配る」ことは，
「みんなが同じ枚数になるように配る」ことである。
友だちの人数を求める式は
チョコレートの全部の枚数÷1人がもらったチョコレートの枚数＝人数
74÷12＝6.2…
友だちの人数は6.2人くらい。
つまり6人か7人かと予想できる。
74÷6＝12あまり2
この式から12枚もらう人と13枚もらう人がいるとわかる。
74÷7＝10あまり4
この式から10枚もらう人と11枚もらう人がいるとわかる。
以上から友だちは6人ということがわかる。

出題＝岡田悠亮

4 　答え　ひろき

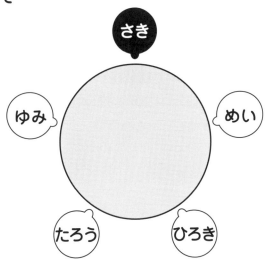

5 　答え　午後２時59分

　　１分間で２倍の数になることは，１分後は（１分前の）２倍の数に
なっていくことがわかる。

　　つまり，１分前のビスケットの数は，１分後のビスケットの数の半分
ということ。

　　箱の半分がビスケットでいっぱいになったのは，午後３時の１分前で
ある。

　　つまり，午後２時59分である。

３年生　難問　107

[6] 答え　20まい

カードをよく見ると，5枚で1つのグループになっている。
このグループの中には〇が1枚，□が1枚，△が3枚ある。
カードは全部で100枚である。
$100 \div 5 = 20$グループ
〇は1グループに1枚であるから
$1 \times 20 = 20$枚

[7] 答え　ユリちゃん

「ケイちゃんがお姉ちゃん，ユリちゃんが妹」ではない。
ということがわかる。
したがって，「ユリちゃんがお姉ちゃん，ケイちゃんが妹」ということになる。
2人ともウソをついているということになる。

[8] 答え　3

まず左の数字に2を足す。
その和の1の位が右側の数字になっている。

$5 \to 7$（$5+2=7$）　　　$7 \to 9$（$7+2=9$）
$9 \to 1$（$9+2=11$）　　$14 \to 6$（$14+2=16$）
$18 \to 0$（$18+2=20$）　$21 \to ?$（$21+2=23$）

9 答え　下の図の通り

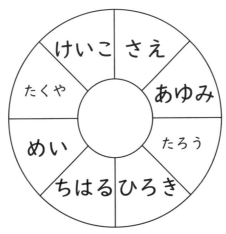

10 答え　1024mm

1回おったら，1×2＝2
2回おったら，2×2＝4
3回おったら，4×2＝8
4回おったら，8×2＝16
5回おったら，16×2＝32
6回おったら，32×2＝64
7回おったら，64×2＝128
8回おったら，128×2＝256
9回おったら，256×2＝512
10回おったら，512×2＝1024

【引用文献】
1 『プログラミング脳をこれから鍛える本』P.15（ソニー・グルーバルエデュケーション）
2 『プログラミング脳をこれから鍛える本』P.55（ソニー・グルーバルエデュケーション）
3 『プログラミング脳をこれから鍛える本』P.69（ソニー・グルーバルエデュケーション）
4 『全国学力テストB問題スキル』P.10（東京教育技術研究所）
5 『プログラミング脳をこれから鍛える本』P.85（ソニー・グルーバルエデュケーション）
6 『プログラミング脳をこれから鍛える本』P.21（ソニー・グルーバルエデュケーション）
7 『プログラミング脳をこれから鍛える本』P.25（ソニー・グルーバルエデュケーション）
9 『全国学力テストB問題スキル』P.10（東京教育技術研究所）

1 　32人のクラスで好きなボールゲームを調べました。
　①ドッジボールは一番多く10人いました。
　②サッカーをすきな人数はポートボールの2倍で6人でした。
　③バスケットボールを好きな人数は2番目に多いです。
　④バスケットボールと野球を好きな人数は3人ちがいました。

　それぞれのボールゲームを好きな人数は何人でしょうか。

答え　　野球（　　　　　　　）人
ドッジボール（　　　　　　　）人
バスケットボール（　　　　　　　）人
ポートボール（　　　　　　　）人
サッカー（　　　　　　　）人

2 　けんじくん，ななさん，ゆうとくんの3人が，何枚かずつカードを持っています。
　けんじくんはななさんに4枚，ななさんはゆうとくんに7枚，ゆうとくんはけんじくんに6枚カードをわたしました。
　みんなの持っているカードは，けんじくんは7枚，ななさんは2枚，ゆうとくんは3枚になりました。
　さいしょにけんじくんが持っていたカードは，何枚ですか。

答え（　　　　　　　）枚

3 時こくを答えましょう。

「午前7時23分に起きた。」
「起きて42分後に，朝ごはんを食べ始めた。」
「朝ごはんは，25分間で食べ終わった。」
「127秒間トイレに行き，233秒間歯をみがいた。」
「歯をみがいた後，30秒間テレビを見ていた。すると，ねむってしまった。ねむっていた時間は15分間だった。」
「それから2時間勉強した。」
「勉強の後，90秒間休んだ。」

今の時こくは何時何分でしょうか。

答え　午___（　　　　　　　）時（　　　　　　　）分

4 クラスの男の子16人が，1れつにならんでいます。けんじくんの後ろには，7人います。さとしくんは，けんじくんの後ろにならんでいます。
さとしくんは，前から何人目でしょうか。

答え（　　　　　　　）人目

5 たなにある本を，12さつ読みました。たなは8だんあります。
たなの本は，全部で15さつあります。
読んでいない本は，あと何さつありますか。

答え（　　　　　　　）さつ

6 はるかさんの家から学校まで，歩くと15分かかります。
　午前7時50分に家を出ましたが，わすれ物に気づいたので，一度家にもどりました。家の時計を見ると午前8時4分でした。学校には，午前8時19分に着くことができました。
　はるかさんがわすれ物に気づいた時こくは何時何分でしょうか。
　はるかさんの歩く速さはかわらないとします。

答え　午＿＿（　　　　　　　）時（　　　　　　　）分

7 けんくんは，おけに水をためることにしました。30分で20kgたまりますが，15分ごとに8kg流れ出てしまいます。
　おけがたまるまで水を注いだところ，2時間30分かかりました。おけに入る水は何kgでしょうか。

答え（　　　　　　　）kg

名前（　　　　　　　　　　　　）

8　色紙を使って友だちと遊んでいます。
　色紙を3まいずつ7人の友だちにあげたら，のこりが16まいになりました。
　はじめ，色紙は何まいあったでしょうか。

答え（　　　　　　　　）まい

9　よし子さんは，午前11時35分から，85分間あそびました。
遊び終えた時こくをもとめましょう。

答え　午＿＿（　　　　　　）時（　　　　　　）分

10
母「いま気づいたんだけど，わたしの年れいの一の位と十の位の数字を入れかえると，あなたの年れいになっているね。」
子「あしたはお母さんの年れいが，ちょうどぼくの2倍になるね。」

では，子どもの今日の年れいは何才ですか。

答え（　　　　　　　　）才

解答と解説 No.23

1 答え　　　　　野球　　　　　5人
　　　　　　　ドッジボール　10人
　　　　　バスケットボール　8人
　　　　　　ポートボール　　3人
　　　　　　　サッカー　　　6人

①ドッジボールは10人ということがわかる。
②サッカーが6人，ポートボールは半分の3人ということがわかる。
③32人クラスで残りは32－10＋6＋3＝13
バスケットボールの方が野球より人数が多い。
④その差は3人。（バスケットボール）－（野球）＝3人
8人と5人に分ける。人数が多いバスケットボールが8人。

2 答え　5枚

けんじくんが最初に持っているカードを□とする。
ななさんに4枚渡した後のけんじくんのカードは□－4。
ゆうとくんから6枚もらうと，カードは7枚になった。
□－4＋6＝7
□＝5

出題＝河野健一・松井靖国　他

選＝横堀勇太（編集チーム）

3　答え　午前10時53分

起きた時こくは，午前7時23分
朝ごはんを食べ始めたのは，午前8時5分
食べ終わったのは，午前8時30分
トイレから出たのは，午前8時32分7秒
歯みがきが終わったのは，午前8時36分
テレビを見終わったのは，午前8時36分30秒
眠りから起きたのは，午前8時51分30秒
勉強が終わったのは，午前10時51分30秒
休みが終わったのは，午前10時53分

4　答え　10人目

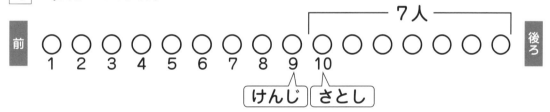

5　答え　3さつ

棚が8段というのは，問題に関係ない。
15－12＝3

【引用文献】
河野健一①『難問・良問＝5題1問選択システム　小学校中学年［3年］ダイジェスト版第3巻』P.36（Toss Media）
　　　　②『プログラミング脳をこれから鍛える本』P.29（ソニー・グローバルエデュケーション）
松井靖国③『難問・良問＝5題1問選択システム 小学校中学年［3年］ダイジェスト版第3巻』P.17（Toss Media）

6 　答え　午前7時57分

　　午前7時50分に家を出て，忘れ物に気づきもどったら，午前8時4分
だった。

　　つまり，わすれ物に気づき，もどってくるのに14分かかった。

　　気づいたのは14÷2＝7より，家を出てから7分後の午前7時57分で
ある。

7 　答え　20kg

　　30分で20kgたまるが，15分で8kg減る。

　　つまり，30分で20－（8×2）＝4kgずつふえていく。

　　2時間30分＝150分

　　150÷30＝5

　　4×5＝20

8 答え　37まい

　　あげた色紙：３×７＝21
　　まだ16まいのこっていたので，
　　21＋16＝37

9 答え　午後１時00分

　　まず，85分を60分＋25分と分ける。
　　午前11時35分から60分たつと，午後12時35分になる。
　　そこから25分なので，午後１時となる。

10 答え　25さい

　　一の位と十の位を入れ替えた数字は，たくさんある。
　　ポイントは，明日になると母の年齢が子どもの２倍になることだ。
　　よって，母の年齢＝52才
　　明日の子どもの年齢＝26才
　　今日の子どもの年齢＝25才

【引用文献】
芦ケ原伸之⑩『超超難問数理パズル』講談社

1　ケンさんとショウタさんは，雪山でリフトにのりました。
リフトにのっている間，2人がすれちがうリフトの数を数えた
ところ，64台でした。このリフトは全部で何台ありますか。

答え（　　　　　　　）台

2　Aさんはスーパーに車で行きました。このちゅう車場には全部で
12台の車が横1れつにとめられ，すでに数台とめられていました。
　うんてんが苦手なAさんは，となり合わない場所がいいと考え
ました。しかし，となり合わずにちゅう車できる場所がなかった
ので帰ることにしました。
　ちゅう車場には何台車がとまっていたのでしょうか。
　考えられる中で，一番少ない台数を答えましょう。

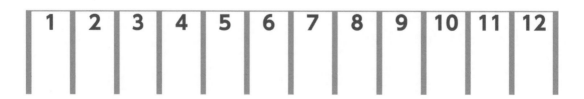

答え（　　　　　　　）台

名前（　　　　　　　　　　　　　　　　　　　）

3 Aさんは，1週間に300円ずつ貯金します。
しかし，2週間に1回250円のまん画を買います。
1000円たまるのは，何週間後でしょうか。

答え（　　　　　　　）週間後

4 冷ぞうこのプリンが，だれかに食べられてしまいました。
つぎのじょうけんのとき，はん人はだれでしょうか。
①A,B,C,Dの内，食べたのは1人
②A,B,C,Dの内，2人はうそを言っています。

> A「わたしは，はん人ではありません。」
> B「Aがはん人です。」
> C「Dがはん人です。」
> D「AとBは，はん人ではありません。」

答え（　　　　　　　）

5 つるとカメが，合わせて9ひきいます。つるとカメの足の数をたすと，24本になります。
つるとカメ，それぞれの数をもとめましょう。
つるの足の数は2本，カメの足の数は4本とします。

答え　つる（　　　　　　　）ひき
カメ（　　　　　　　）ひき

6　Aさん，Bさん，Cさん，Dさんがくじを1回ずつ引き，話をしています。

くじは"あたり"か"はずれ"のどちらかです。

次の会話をよく読み，それぞれ"あたり"と"はずれ"のどちらを引いたか答えなさい。

> Aさん「私は，Dさんとはちがうよ。」
> Bさん「私は，Aさんと同じだね。」
> Cさん「私は，はずれを引いちゃった。」
> Dさん「あたりとはずれの数がちがったね。」

答え　Aさん（　　　　　）　Bさん（　　　　　）
　　　Cさん（　　　　　）　Dさん（　　　　　）

7　子どもが5人でじゃんけんをしました。5人が出した指の数を合わせると14本でした。パー，チョキ，グーを出した子どもは，それぞれ何人ですか。

答え　パー（　　　　）人
　　　チョキ（　　　　）人
　　　グー（　　　　）人

名前（　　　　　　　　　　　　　　　）

※9, 10の問題は, 8の問題の続きです。

8　けんじ君は, ちょ金した1円玉をしきつめて, 正方形になるようにならべました。

　このとき, たて5まい, 横5まいの正方形ができました。1円玉は, 全部で何枚あったのでしょう。

答え（　　　　　　　　）まい

9　けんじ君が, 何日か後にちょ金箱を開けてみたところ, 全部で67円分の1円玉がたまっていました。

　そこで, 同じように1円玉をしきつめて正方形が作れるか考えてみました。

　一番大きな正方形を作るには, 1円玉が何まいひつようで, 何まいあまるでしょうか。

答え（　　　　　　　　）まいひつようで
　　（　　　　　　　　）まいあまる

10　数日後, けんじ君は1円玉をしきつめて正方形を作ろうとしました。しきつめてみたところ, 10まいあまってしまいました。

　そこで, おねえさんから1円玉を9まいかりたので, 正方形ができました。

　けんじ君が持っている1円玉は, 全部で何まいでしょうか。
　おねえさんからかりた分もふくみます。

答え（　　　　　　　　）まい

1 答え　65台

まず，自分以外のリフト64台とすれ違う。
そして自分のリフトをたすと，65台である。

2 答え　4台

3 答え 5週間後

2週間で600－250＝350円たまる。
4週間で350×2＝700円
5週間で700＋300＝1000円
よって，5週間後になる。

4 答え C

Dをうそつきと仮定すると，A，Bが犯人となり，条件に合わない。よって，Dは本当のことを言っている。また，Aも本当のことを言っている。なので，うそつきは，B，C。
Dの話から，Bは犯人ではない。よって，Cが犯人となる。

5 答え つる6ひき カメ3びき

6 答え以下の通り

Aさん（はずれ）　Bさん（はずれ）
Cさん（はずれ）　Dさん（あたり）

7 答え　パー２人　チョキ２人　グー０人

パーの人数をきめて，あてはまる数をさがしていく。
・パー５人のとき指は25本になるので，多すぎ。
・パー４人のとき，ほかの人にかんけいなく指が20本になるので，多すぎ。
・パー３人のとき，ほかの人にかんけいなく指が15本になるので，多すぎ。
・パー２人のとき，指があと４本ひつよう。
　グーは０本なので，チョキが２人で，これが正かい。

8 答え　25まい

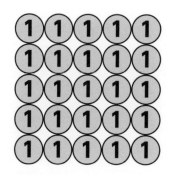

9 　答え（64）まいひつようで，（3）まいあまる

$8 \times 8 = 64$

$67 - 64 = 3$

10 　答え　100まい

　横の列の１円玉が１まい増えると，１円玉は，３まい，５まい，７まいとふえていく。

　あまった10まいと，あとからかりた９まいをあわせると19まいになる。

　そこで，１から19までを足し算する。

$1 + 3 + 5 + 7 + 9 + 11 + 13 + 15 + 17 + 19 = 100$

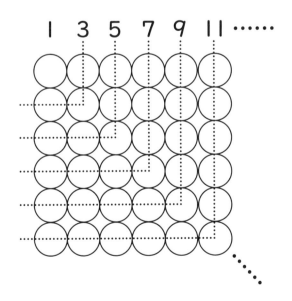

【引用文献】
[1]『プログラミング脳をこれから鍛える本』P.97（ソニー・グローバルエデュケーション）
[2][6]『５分で論理的思考カドリル』P.47, P.75（ソニー・グローバルエデュケーション）
[8][9][10]東京教育技術研究所 TOSS 算数スキル「全国学力テスト B 問題スキル」

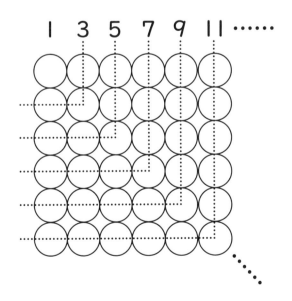 (図上部の数字：１ ３ ５ ７ ９ 11 ……)

小学3年「ちょいムズ問題」①

木村重夫

すきなもんだいをといてみましょう。（　）2問コース　（　）5問コース　（　）全問コース

【1】8□7□6の□の中に「＋」「－」の記号のどちらかを入れて計算します。答えが7になるように，□に記号を入れましょう。

9 □ 8 □ 7 = 8

【2】次の数をぜんぶ足した数はいくつでしょう。

1	2	3	4	5	6	7
8	9	10	11	12	13	14
15	16	17	18	19	20	21
22	23	24	25	26	27	28
29	30	31	32	33	34	35
36	37	38	39	40	41	42
43	44	45	46	47	48	49

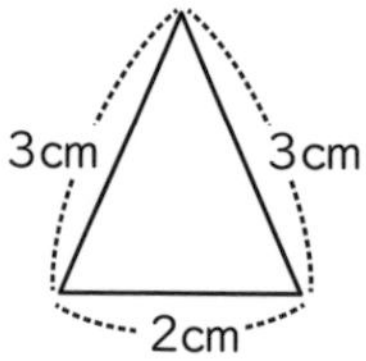

答え

【3】家から学校までの道のりは，何km何mですか

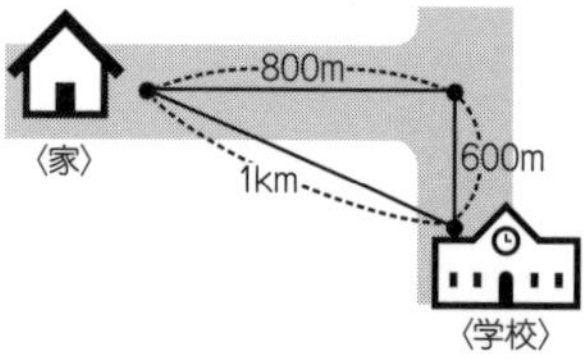

〈家〉　800m　600m　1km　〈学校〉

答え

【4】34人の子どもが5人ずつ長いすにすわります。いすは何きゃくいりますか。

答え

【5】ゆりさんはおり紙を30まいもっています。このおり紙を，同じ数ずつ8人に分けると，1人分は何まいになって，何まいあまりますか。

答え　　　　まいになって，　　　　まいあまる。

【6】同じ大きさの3つのボールが，図のようにきちんと箱に入っています。ボールの半径は何cmですか。

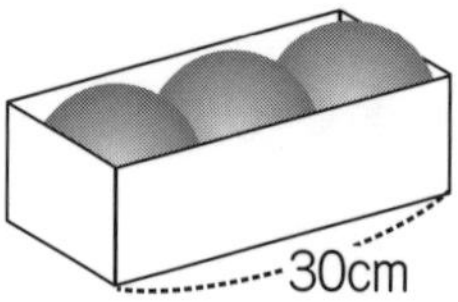

30cm　答え

【7】下の三角形の名前を答えましょう。

3cm　3cm　2cm

答え

【8】たけしくんがおじいさんに年れいをたずねました。すると，おじいさんはつぎのように答えました

> わたしの年れいは，
> 3でわると1あまり，
> 5でわると2あまり，
> 7でわると4あまる。

答え

おじいさんは何さいですか。

【9】2 4 5 8 の4まいのカードから1まいえらんで，下のかけ算にあてはめます。答えが4けたの数になるのは，□にどのカードをあてはめた時ですか。

$$2\ 1\ 4 \times \boxed{\ }\ 7$$

答え

【10】右の図の中に，いろいろな大きさの直角三角形があります。ぜんぶでいくつありますか。

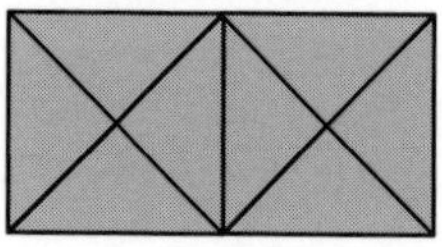

答え

【解答】

【1】9 ⊟ 8 ⊞ 7 ＝ 8	【6】5cm 直径30÷3＝10　半径10÷2＝5
【2】1225　いろいろな求め方がある。1つずつ足す方法， 　　中央の数×個数（25×49）　答え1225 　　　1＋　2＋　3＋・・・＋49 　　49＋48＋47＋・・・＋　1 　　50＋50＋50＋・・・＋50　　50×49÷2＝1225	【7】二等辺三角形
	【8】67さい
【3】1km400m ／ 【4】7きゃく（34÷5＝6あまり4）	【9】2 （2，4，5，8を1まいずつ入れて計算してみる。）
【5】3まいになって，6まいあまる。（30÷8＝3あまり6）	【10】18　△…8　▽…8　△…2

126

すきなもんだいをといてみましょう。（ ）2問コース （ ）5問コース （ ）全問コース

【1】計算しましょう。

(1) 73+28=

(2) 143-96=

(3) 82×64=

(4) 38÷6=

(5) 0.7+0.5=

【2】 3 5 7 8 の4まいのカードから1まいえらんで、下のかけ算にあてはめます。答えが4けたの数になるのは、□にどのカードをあてはめた時ですか。

$$1\ 2\ 5$$
$$\times\ \ \ \ \ \boxed{}$$

【3】地図を見て答えましょう。

(1) 家から学校までのきょりは、何km何mですか。

(2) 家から学校までの道のりは、何km何mですか。

〈家〉 1km200m
1km500m 900m
〈学校〉

【4】1から100までの数字の中に、「4」は全部で何回出てきますか。

答え

【5】半径6cmの2つの円がぴったりとくっついています。直線⑦④は、2つの円の中心を通っています。直線⑦④の長さは何cmですか。

⑦ ④

答え

【6】右の三角形の名前を答えましょう。

2cm 3cm
3cm

答え

【7】右の三角形は正三角形です。□にあてはまる数を答えましょう。

8cm 8cm

cm

【8】重さが3.5kgのすいかと、1.7kgのパイナップルがあります。すいかとパイナップルの重さは、合わせて何kgですか。

答え

【9】ゆりさんはおり紙を79まいもっています。このおり紙を9人に分けると、1人分は何まいになって、何まいあまりますか。

1人分 　　　　　 あまり

【10】1000円さつを7まい、100円玉を3こ、10円玉を5こ、1円玉を6こ合わせた金がくは何円ですか。

答え

【解答】

【1】(1) 101　(2) 47　(3) 5248 (4) 6あまり2　(5) 1.2	【6】二等辺三角形
【2】8 (125×8=1000)	【7】8
【3】(1) 1km500m (2) 2km100m (1km200m+900m=2km100m)	【8】5.2kg (3.5+1.7=5.2)
【4】20回 (44は2回と数える)	【9】1人分…8まい、あまり…7まい (79÷9=8あまり7)
【5】24cm	【10】7356円

小学3年「ちょいムズ問題」③

木村重夫

すきなもんだいをといてみましょう。（　）2問コース　（　）5問コース　（　）全問コース

【1】8□7□6の□の中に、「＋」「－」の記号のどちらかを入れて計算します。答えが7になるように、□に記号を入れましょう。

8 ☐ 7 ☐ 6 ＝7

【2】計算しましょう。あまりがあるときは、あまりも出しましょう。

6) 45

答え

【3】下の図の中に、正方形が何こありますか。

答え

【4】家から学校までのきょりは、何km何mですか。

〈家〉
2km
1km500m
2km500m
〈学校〉

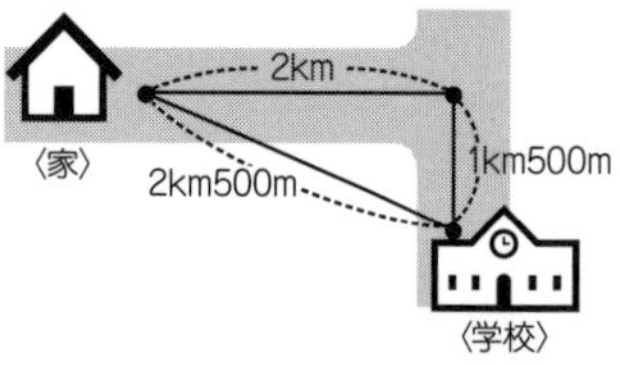

答え

【5】☐にあてはまる数をかきましょう。

4508は、1000を ☐ こ、

100を ☐ こ、

1を ☐ こ、

合わせた数です。

【6】同じ大きさの3つのボールが、図のようにきちんと箱に入っています。ボールの直径は何cmですか。

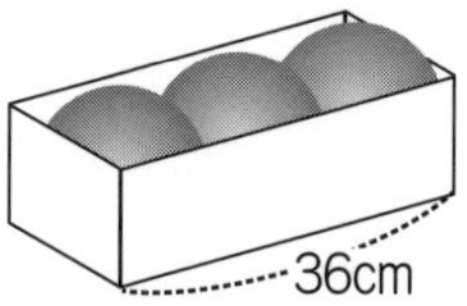

36cm

答え

【7】たけしくんがおじいさんに年れいをたずねました。すると、おじいさんは、つぎのように答えました。

> わたしの年れいは、
> 3でわると2あまり、
> 5でわると3あまり、
> 7でわると5あまる。

おじいさんは何さいですか。　答え

【8】計算しましょう。

8-0.75+3.4＝

【9】家から学校までの道のりは、何km何mですか。

〈家〉
2km
1km500m
2km500m
〈学校〉

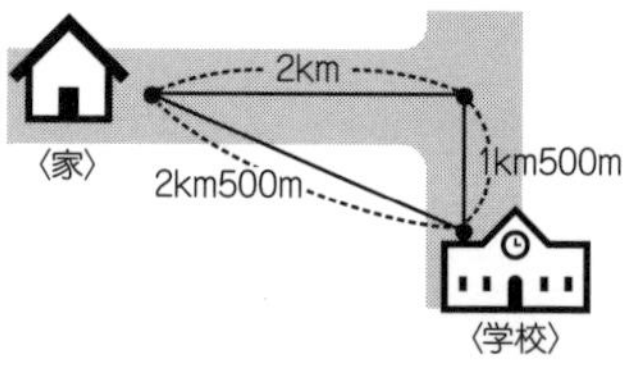

答え

【10】ゆりさんはおり紙を45まいもっています。このおり紙を同じ数ずつ分けようと思います。7人に分けると、1人分は何まいになって、何まいあまりますか。

〈式〉

答え ☐ まいになって、☐ まいあまる。

【解答】

【1】8□7＋6＝7	【6】12cm
【2】7あまり3	【7】68さい
【3】10こ	【8】10.65
【4】2km500m	【9】2km+1km500m=3km500m
【5】4508は、1000を（4）こ、100を（5）こ、10を（0）こ、1を（8）こ合わせた数です。	【10】45÷7=6あまり3 　　　答え 6まいになって、3まいあまる

小学3年「ちょいムズ問題」④

木村重夫

すきなもんだいをといてみましょう。（　）5問コース　（　）10問コース　（　）全問コース

【1】計算しましょう。あまりがあるときは，あまりも出しましょう。 6) 32	【2】右の三角形の名前を答えましょう 3cm　3cm 2cm 答え	【3】右の三角形は正三角形です。□にあてはまる数を答えましょう。 3cm　3cm □cm	【4】ゆりさんはおり紙を30まいもっています。このおり紙を，同じ数ずつ分けようと思います。7人に分けると，1人分は何まいになって，何まいあまりますか。 答え ___ まいになって，___ まいあまる。
【5】家から学校までのきょりは，何km何mですか。 1km200m 〈家〉 900m 1km500m 〈学校〉 答え	【6】家から学校までの道のりは，何km何mですか。 1km200m 〈家〉 900m 1km500m 〈学校〉 答え	【7】ある動物園でふたごのパンダが4組生まれました。 いちばん重いパンダの体重は何gですか。	【8】ある動物園でふたごのパンダが4組生まれました。 第1子（ふたごの先に生まれた子）と第2子の体重のちがいがいちばん大きいのは，何年ですか。

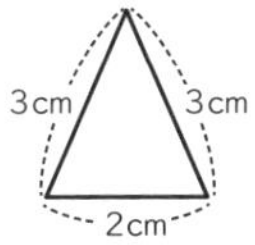

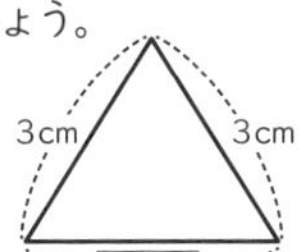

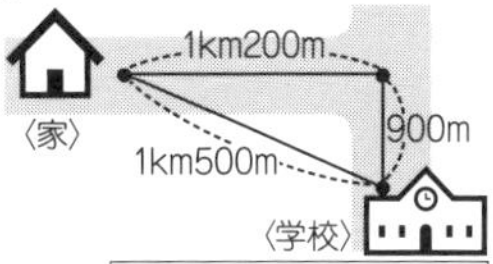

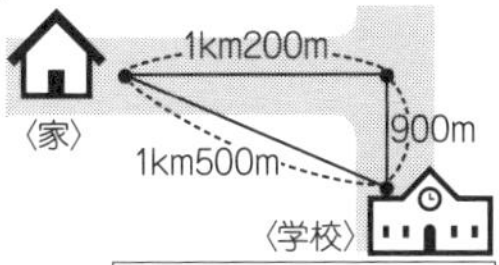

【7】【8】の表：

ふたごのパンダの生まれたときの体重	生まれた年	2003年	2006年	2008年	2010年
	第1子（g）	167	196	194	158
	第2子（g）	106	84	116	123

【9】計算しましょう。 0.8+0.6=	【10】2 4 5 8 の4まいのカードから1まいえらんで，下のかけ算にあてはめます。答えが4けたの数になるのは，□にどのカードをあてはめた時ですか。 1 2 5 ×□	【11】2 4 5 8 の4まいのカードから1まいえらんで，下のかけ算にあてはめます。答えが5けたの数になるのは，□にどのカードをあてはめた時ですか。カードの数をすべて書きましょう。 2 1 4 ×□ 7	【12】同じ大きさの3つのボールが図のようにきちんとはこに入っています。ボールの直径は何cmですか。 30cm
【13】球の直径はどちらですか。あかいで答えましょう。 球の中心 あ　い 答え	【14】計算しましょう。 81×64 =	【15】半径4cmの2つの円がぴったりとくっついています。直線アイは，2つの円の中心を通っています。直線アイの長さは何cmですか。 ア ・ ・ イ 答え	【16】4508は， 1000を □ こ， 100を □ こ， 1を □ こ， 合わせた数です。
【17】下の図の中に，直角三角形はいくつありますか。 答え	【18】下の図の中に，いろいろな大きさの直角三角形があります。ぜんぶでいくつありますか。 答え	【19】1ふくろにせんべいが3まい入っています。6ふくろでは，せんべいは全部で何まいになりますか。 〈式〉 答え	【20】100を3こ，1を6こ合わせた数は，いくつですか。 答え

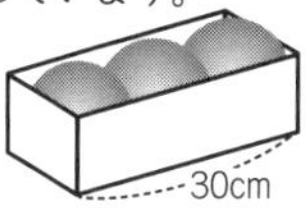

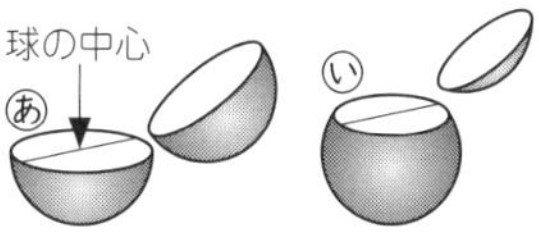

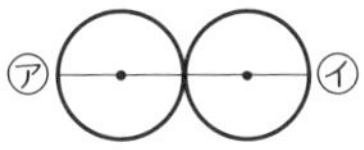

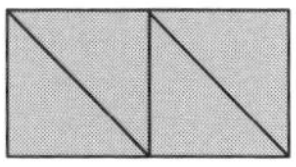

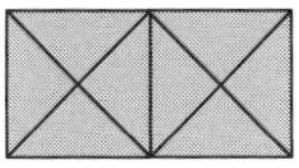

【解答】

【1】5あまり2	【2】二等辺三角形	【3】3	【4】30÷7=4あまり2 答え 4まいになって，2まいあまる。
【5】1km500m	【6】1km200m+900m =2km100m	【7】196g	【8】4組ともひき算をしてみる。 答え 2006年
【9】1.4	【10】125×8=1000 答え 8	【11】1まいずつ入れて計算してみる。 答え4，5，8	【12】（30÷3=10） 答え 10cm
【13】球の直径は，球の中心を通る。 答えあ	【14】5184	【15】16cm	【16】4508は，1000を4こ，100を5こ，1を8こ合わせた数
【17】4つ	【18】△…8  ◿…8 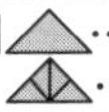 ◺…2 答え18	【19】式3×6=18 答え 18まい	【20】306

あとがき　〈3年算数＋難問〉刊行によせて

「やったー」の声が教室に鳴り響く「熱中する」算数の授業

1　授業参観で保護者も熱中する「難問の授業」

授業参観で保護者も熱中した授業。それが，「難問の授業」であった。

円を分ける授業を授業参観で行った。

子どもたちも保護者も熱中して取り組んだ。

円を3本の直線で，できるだけ多く分けなさい。

さらに，直線を増やす。

円を4本の直線で，できるだけ多く分けなさい。

最後に，

円を10本の直線で，できるだけ多く分けなさい。

この問題を出すと，教室は異様な空気になった。
「えー！　10本も引けない！」
ある保護者は，自分の手に円を書いて解こうとしていた。
私は，
「どうぞ」
と紙と鉛筆を渡した。
そこでチャイムが鳴る。
「答え言っていいですか？」
「ダメーー！」
と子どもたちが反応する。
（この子どもたちの反応は，やみつきになる。）
「では，家でおうちの人とぜひ考えてみてください。」
次の日，数名が自主勉強ノートに問題を解いてくる。
見事正解する子がいる。
正解した子は，ヒーローとなり，拍手喝采される。
算数の授業で，このような教室のドラマが生まれる。
難問は，子どもたちを熱中させるパワーを秘めている。

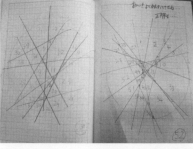
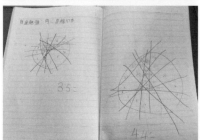

2　難問をさらに熱中させるシステム

円を分ける授業は，1問だけ扱う授業である。

これに「難問5問1問選択システム」を導入することにより，パワーアップする。

ポイントは，「できそうな問題を選択できる」ということである。

5問の中から選びながら解くと，不思議と1つくらい解けそうな気になる。

教師は，プリントを配るだけで説明はほとんどいらない。
「5問の中からできそうな問題を1つ選んで持ってきなさい。」
これだけなのだ。あとは持ってきた子どもに，
「残念。」「おしい。」「ナイス挑戦。」
と丸つけをするだけでよい。
「おっ，正解！」
となった時の子どもの，
「やったー！」
と弾ける笑顔を見るのが最高に楽しい。

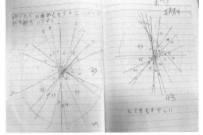

正解した子の誇らしげな顔。
普段おとなしい子も正解した時は，小さくガッツポーズする。
算数の授業でガッツポーズをする場面があるだろうか。
難問だからこそ生まれる子どもの事実である。

3　難問に助けられた20代

20代のときに難問と出会い，毎年必ず行っている。
授業がうまくいかなくても難問プリントを配布すると，子どもたちが夢中で問題に取り組んだ。
「算数楽しい！」
という声も何度も上がった。
難問は子どもの知的好奇心をくすぐるのである。
何度も助けられた。
さらに隙間時間でいつでもできるのが，難問の良いところである。
私は，毎年，新しい学級になると必ず難問のプリントを常備している。
いつでもすぐに使える状態にしておく。
難問をやった次の日に必ず起こる現象がある。
それは，
「先生，今日は難問やらないんですか。」
である。
子どもたちは，それほど難問が好きなのだ。
知的好奇心を掻き立てられるのである。
本書は，熱中する難問の中から精選された問題が集められている。間違いなく子どもたちが熱中するだろう。子どもたちが夢中で問題を解いている姿が目に浮かぶ。多くの教室で活用されることを願う。
最後に，編集の機会を与えてくださり何度もご指導してくださった木村重夫先生，原稿についてご助言や励ましをしてくださった学芸みらい社の樋口様，難問システムで多くの先生方を助けてくださり，いつも応援してくださる向山洋一先生。
本書の出版に関わって下さった全ての皆さまに，心より御礼申し上げます。

令和2年11月10日

TOSS CHANCE代表　　**松島博昭**

◎編著者紹介

木村重夫（きむら　しげお）
1983 年　横浜国立大学卒業
埼玉県公立小学校教諭として 34 年間勤務
2018 年〜現在　日本文化大学講師
TOSS 埼玉代表，TOSS 祭りばやしサークル代表
〈著書・編著〉
『成功する向山型算数の授業』『続・成功する向山型算数の授業』
『算数の教え方には法則がある』『教室熱中！難問 1 問選択システム』1 〜 6 年（明治図書）
〈共同開発〉
『うつしまるくん』（光村教育図書）『向山型算数ノートスキル』（教育技術研究所）

松島博昭（まつしま　ひろあき）
1981 年　群馬県生まれ　2004 年 3 月　新潟大学卒業
現在　群馬県太田市立沢野小学校勤務
TOSS 群馬代表，TOSS CHANCE 代表
2010 年 1 月 1 日に教師サークルを立ち上げ，
授業力・学級経営力を高めるための学習会を開催している。
向山型算数セミナー常任講師を務める。

岡田悠亮
群馬県邑楽町立長柄小学校

三俣貴裕
群馬県高崎市立箕輪小学校

小澤俊平
群馬県立中央中等教育学校

橋本　翔
群馬県高崎市立東部小学校

荻野裕介
群馬県富岡市立東中学校

横堀勇太
群馬県藤岡市立藤岡第二小学校

教室熱中！ めっちゃ楽しい
算数難問 1 問選択システム
3 巻　中級レベル 1 ＝小 3 相当編

GAKUGEI
MIRAISHA

2021 年 2 月 15 日　初版発行
2022 年 8 月 10 日　第 2 版発行

編著者　木村重夫・松島博昭
発行者　小島直人
発行所　株式会社学芸みらい社
　　　　〒 162-0833　東京都新宿区箪笥町 31 番 箪笥町 SK ビル 3F
　　　　電話番号 03-5227-1266
　　　　https://www.gakugeimirai.jp/
　　　　E-mail : info@gakugeimirai.jp
印刷所・製本所　藤原印刷株式会社
企　画　樋口雅子
校　閲　板倉弘幸
本文組版　橋本　文
ブックデザイン　小沼孝至

教室熱中！ めっちゃ楽しい
算数難問 1問選択システム

うーん、難しい。

出来そう！

出来た！

動画のマスコット「ライオンくん」（作：山戸 麦）

● 木村重夫＝責任編集

☆ B5版・136頁平均・本体2,300円（税別）

1巻 初級レベル1＝小1相当編
堂前直人＋TOSS/Lumiere

2巻 初級レベル2＝小2相当編
中田昭大＋TOSS流氷

3巻 中級レベル1＝小3相当編
松島博昭＋TOSS CHANCE

4巻 中級レベル2＝小4相当編
溝口佳成＋湖南教育サークル八方手裏剣

5巻 上級レベル1＝小5相当編
岩田史朗＋TOSS金沢

6巻 上級レベル2＝小6相当編
林 健広＋TOSS下関教育サークル

別巻 数学難問＝中学・高校レベル相当編
星野優子・村瀬 歩＋向山型数学研究会

デジタル時代に対応！ よくわかる動画で解説

　各ページに印刷されているQRコードからYouTubeの動画にすぐにアクセスできます。問題を解くポイントを音声で解説しながら、わかりやすい動画で解説します。授業される先生にとって「教え方の参考」になること請け合いです。教室で動画を映せば子どもたち向けのよくわかる解説になります。在宅学習でもきっと役立つことでしょう。

教科書よりちょっぴり難しい「ちょいムズ問題」

　すでに学習した内容から、教科書と同じまたはちょっぴり難しいレベルの問題をズラーッと集めました。教科書の総復習としても使えます。20問の中から5問コース・10問コース・全問コースなどと自分のペースで好きな問題を選んで解きます。1問1問は比較的簡単ですが、それがたくさん並んでいるから集中します。

子ども熱中の難問を満載！

　本シリーズは、子どもが熱中する難問を満載した「誰でもできる難問の授業システム事典」です。みなさんは子どもが熱中する難問の授業をされたことがありますか？ 算数教科書だけで子ども熱中の授業を作ることは高度な腕を必要とします。しかし、選び抜かれた難問を与えて、システムとして授業すれば、誰でも子ども熱中を体感できます。

これが「子どもが熱中する」ということなんだ！

　初めて体験する盛り上がりです。時間が来たので終わろうとしても「先生まだやりたい！」という子たち。正答を教えようとしたら「教えないで！ 自分で解きたい！」と叫ぶ子たち。今まで経験したことがなかった「手応え」を感じることでしょう。

授業の腕が上がる新法則シリーズ　全13巻

監修：谷 和樹（玉川大学教職大学院教授）

新指導要領 対応！

新教科書による「新しい学び」時代、幕開け！
2020年度からの授業スタイルを「見える化」誌面で発信！

4大特徴

| 基礎単元＋新単元をカバー | 授業アイデア＆スキル大集合 |
| 授業イメージ、一目で早わかり | 新時代のデジタル認識力を鍛える |

◆「国語」授業の腕が上がる新法則
村野 聡・長谷川博之・雨宮 久・田丸義明 編
978-4-909783-30-1　C3037　本体1700円（＋税）

◆「算数」授業の腕が上がる新法則
木村重夫・林 健広・戸村隆之 編
978-4-909783-31-8　C3037　本体1700円（＋税）

◆「生活科」授業の腕が上がる新法則※
勇 和代・原田朋哉 編
978-4-909783-41-7　C3037　本体2500円（＋税）

◆「図画工作」授業の腕が上がる新法則
1～3年生編※
酒井臣吾・谷岡聡美 編
978-4-909783-35-6　C3037　本体2400円（＋税）

◆「家庭科」授業の腕が上がる新法則
白石和子・川津知佳子 編
978-4-909783-40-0　C3037　本体1700円（＋税）

◆「道徳」授業の腕が上がる新法則
1～3年生編
河田孝文・堀田和秀 編
978-4-909783-38-7　C3037　本体1700円（＋税）

◆「プログラミング」授業の腕が上がる新法則
許 鍾萬 編
978-4-909783-42-4　C3037　本体1700円（＋税）

◆「社会」授業の腕が上がる新法則
川原雅樹・桜木泰自 編
978-4-909783-32-5　C3037　本体1700円（＋税）

◆「理科」授業の腕が上がる新法則※
小森栄治・千葉雄二・吉原尚寛 編
978-4-909783-33-2　C3037　本体2400円（＋税）

◆「音楽」授業の腕が上がる新法則
関根朋子・中越正美 編
978-4-909783-34-9　C3037　本体1700円（＋税）

◆「図画工作」授業の腕が上がる新法則
4～6年生編※
酒井臣吾・上木信弘 編
978-4-909783-36-3　C3037　本体2400円（＋税）

◆「体育」授業の腕が上がる新法則
村田正樹・桑原和彦 編
978-4-909783-37-0　C3037　本体1700円（＋税）

◆「道徳」授業の腕が上がる新法則
4～6年生編
河田孝文・堀田和秀 編
978-4-909783-39-4　C3037　本体1700円（＋税）

各巻A5判並製
※印はオールカラー

激動する社会の変化に対応する教育へのパラダイムシフト ── 谷 和樹

　PBIS（ポジティブな行動介入と支援）というシステムを取り入れているアメリカの学校では「本人の選択」という考え方が浸透しています。その時の子ども本人の心や体の状態によって、できることは違います。それを確認し、あくまでも本人にその時の行動を選ばせるという方法です。これと教科の指導とを同じに考えることはできないかも知れません。しかし、「本人の選択」を可能にする学習サービスが世界的に広がり、増え続けていることもまた事実です。

　また、写真、動画、Webページなど、全教科のあらゆる知識をデジタルメディアで読む機会の方が多くなっているのが今の社会です。そうした「デジタル読解力」について、今の学校のカリキュラムは十分に対応しているとは言えません。

　子どもたち「本人の選択」を保障する考え方、そして幅広い「デジタル読解力」を必須とする考え方を公教育の中で真剣に考える時代が到来しつつあります。

　本書ではこうしたニーズにできるだけ答えたいと思いました。

　本書の読者のみなさんの中から、そうした問題意識をもち、一緒に研究を進めていただける方がたくさん出てくださることを心から願っています。

創刊記念1号

【特集】〈超有名授業30例〉
アクティブ・ラーニング先取り体験!
【ミニ特集】発達障がい児のアクティブ・
ラーニング指導の準備ポイント

A5判 並製：172ページ
定価：1500円+税
ISBN-13：978-4908637117

創刊2号

【特集】やりぬく、集中、忍耐、対話、創造…
"非認知能力"で激変!子どもの学習態度50例!
【ミニ特集】
いじめ ── 世界で動き出した新対応

A5判 並製：172ページ
定価：1500円+税
ISBN-13：978-4908637254

3号

【特集】移行措置への鉄ペキ準備
新指導要領のキーワード100
【ミニ特集】
いじめディープラーニング

A5判 並製：172ページ
定価：1500円+税
ISBN-13：978-4908637308

4号

【特集】"合理的配慮"ある
年間プラン&レイアウト63例
【ミニ特集】アクティブ型学力の計測と
新テスト開発の動向

A5判 並製：172ページ
定価：1500円+税
ISBN-13：978-4908637414

5号

【特集】"学習困難さ状態"
変化が起こる授業支援60
【ミニ特集】2学期の荒れ──
微細兆候を見逃さないチェック法

A5判 並製：168ページ
定価：1500円+税
ISBN-13：978-4908637537

6号

【特集】「道徳教科書」
活用考える道徳授業テーマ100
【ミニ特集】"小学英語"
移行措置=達人に聞く決め手!

A5判 並製：176ページ
定価：1500円+税
ISBN-13：978-4908637605

7号

【特集】教科書の完全攻略・
使い倒し授業の定石59!
意外と知らない教科書の仕掛けを一挙公開。
【ミニ特集】クラッシャー教師の危険

A5判 並製：180ページ
定価：1600円+税
ISBN-13：978-4908637704

8号

【特集】「主体的学び」に直結!
熱中教材・ほめ言葉100
新指導要領を教室で実現するヒント
【ミニ特集】教育改革の新しい動き

A5判 並製：172ページ
定価：1600円+税
ISBN-13：978-4908637872

9号

【特集】「通知表の評価言──
AL的表記への変換ヒント」
【ミニ特集】学校の働き方改革
──教師の仕事・業務チェック術

A5判 並製：156ページ
定価：1600円+税
ISBN-13：978-4908637995

10号

【特集】黄金の授業開き
おもしろ導入クイズ100選
【ミニ特集】プロに聞く
"校内研修テーマ"の最前線

A5判 並製：156ページ
定価：1600円+税
ISBN-13：978-4908637117

11号

【特集】2～3学期の超難単元
楽しくトライ! 授業アイデア50
【ミニ特集】東京オリ・パラ
=子どもに語るエピソード10

A5判 並製：164ページ
定価：1600円+税
ISBN-13：978-4909783158

12号

【特集】「教え方改革」
新年度計画 働き方連動プラン54
【ミニ特集】子供に入る
"学級開き決意表明"シナリオ例

A5判 並製：168ページ
定価：1600円+税
ISBN-13：978-4909783264